Jutta Naumann

Eine Omarette

Heitere Szenen vom Älterwerden

Jutta Naumann

Eine Omarette

Heitere Szenen vom Älterwerden

mit Illustrationen von
Charlotte Lindenberg

Bibliografische Information der Deutschen Nationalbibliothek

Die Deutsche Nationalbibliothek verzeichnet diese Publikation in der Deutschen Nationalbibliografie; detaillierte bibliografische Daten sind im Internet über http://dnb.d-nb.de abrufbar.

© 2012 Jutta Naumann, Dreieich
Illustrationen: Charlotte Lindenberg, Frankfurt am Main
Satz und Layout: Beate Hautsch, Göttingen
Herstellung und Verlag: Books on Demand GmbH, Norderstedt
ISBN 978-3-8482-0605-6

Inhalt

Protagonistin der »Omarette« ist die Oma, eine Frau »hoch in den vierundsechzig«, wie sie augenzwinkernd mitteilt, wenn man sie wieder einmal für neunundfünfzig hält. Sie lebt allein in einer kleinen Wohnung, ist einigermaßen gesund, schätzt gute Freundschaften und geistreiche Menschen, mag die Abenteuer des Alltags. Ihre Finanzen sind ausgesprochen übersichtlich. Ihre Aktivitäten zwangsläufig auch. Aber es geht ihr gut, weil sie ihre Lieben um sich hat: Victoria, ihre Tochter, Hanna und Gustav, ihre Enkel, Philipp, ihren Schwiegersohn. Alle wohnen im gleichen Ort, nicht weit voneinander entfernt.

Mit dem Altwerden hat sie jedoch ihre Mühe. Es gibt es nur ein Mittel, wie sie damit klarkommt: mit lächeln und innerer Heiterkeit, auch wenn sich manchmal ein paar Tränen daruntermischen.

Die Bohnen

Die Oma wird vergesslich. Das heißt, sie wird nicht nur, sie ist es schon.

Sie vergisst Namen, Begriffe, Bezeichnungen. Alles Mögliche.

Manchmal fliegt ein vergessener Name an ihrem Gedächtnis vorbei. Wenn sie Glück hat, sieht sie ihn und kann ihn notieren. Sitzt sie aber beim Zahnarzt oder im Theater, hat sie dazu keine Chance und der Name saust ins Off.

»Geht dir das auch so?«, fragt sie ihre alte Freundin Rosalinde, mit der sie wieder mal an einem Sonntag im Café Kuchen isst, und der sie davon erzählt.

»Was?«

»Dass du Namen vergisst.«

»Welche Namen?«

»Na ja, irgendwelche. Von irgendwelchen Leuten, die man kennenlernt oder im Fernsehen sieht, von denen man liest oder im Radio hört.«

»Ich kannte eine, die war zum Schluss total plem-

plem, die kannte nicht mal ihren eigenen Namen mehr ...«

»Rosa, ich meine ja jetzt, zurzeit, nicht zum Schluss. Ich vergesse sogar Namen von etwas, was ich früher oft gekocht habe, zum Beispiel von ... da, schon wieder weg, der Name. Man braucht dazu Kidneybohnen, scharf gewürztes Hackfleisch, Tomaten, Paprika, zwei Kartoffeln, eine Karotte und so weiter. Es ist schnell zubereitet, schmeckt prima, sättigt und ist bei fast allen beliebt. Vegetarier bekommen eine Sauce mit Dings, ääh, na, mit ... Also, denen schmeckt es auch. Wie heißt das noch mal.«

»Ach, ich weiß, was du meinst«, sagt Rosa, »aber mir fällt der Name auch nicht ein.«

»Clark Gable, mit dem hat es angefangen«, fährt die Oma fort, sie muss es sich mal von der Seele reden, »nein, eigentlich mit dieser Schlagersängerin, aus der ich mir nie viel gemacht habe – aah, Soja, Vegetarier bekommen eine Sauce mit Soja –, wie heißt die nur, diese Sängerin? Jetzt ist es mir schon wieder passiert, dass ich den Namen nicht finde. Lebt oder lebte in Berlin, war bekannt in den Sechzigern und Siebzigern. Und eine Kollegin von mir hat der sehr ähnlich gesehen. Die hieß Karin Stechowski, die Kollegin.

Siehst du, den Namen von dieser Kollegin weiß ich noch, dann wird mir der von der Katja Ebstein auch gleich wieder ... Himmelnocheins ... Wo kommt der Name jetzt her? Wo hat er sich versteckt? Und wo hatte er sich vor einigen Jahren versteckt, als er mir wochenlang nicht eingefallen war und fast schlaflose Nächte bereitet hatte? Katja Ebstein.«
»Was ist mit der Ebstein?«, fragt Rosalinde. »Warum hat die sich versteckt?«

»Moment!« Die Oma wühlt in ihrer Handtasche, zieht einen Stift und einen Zettel heraus, schreibt »Katja Ebstein« drauf und steckt ihn in ein Innenfach der Handtasche.
Der verwundert dreinschauenden Rosalinde erklärt sie: »Da stecken auch schon Clark Gable und der andere, der ... ddd ... gut aussehende Schauspieler, in ›Weites Land‹ hat er gespielt, weißt du nicht, wen ich meine? Der P ... P, na ja, der steckt auch da drin auf einem Zettel, weil ich die beiden, den Gregory Peck – ach, da isser ja – und den Clark Gable immerzu vergessen habe.«

»Warum schreibst du dir das denn auf einen Zettel? Und steckst es in deine Handtasche?«, fragt Rosalinde.

»Ganz einfach: Ich weiß, dass ich die Namen notiert habe, und weiß auch, wo. Das kann ich mir merken. Und im Fall akuter Vergesslichkeit schau ich in meine Handtasche.«
»Komisch«, meint Rosalinde.

»Aber wirksam«, entgegnet die Oma. »Allerdings wüsste ich zu gern, warum ich gerade diese drei, Katja Ebstein, Clark Gable, Gregory Peck, vergesse. Frank Sinatra, Elvis Presley, Heinz Rühmann, Freddy Quinn, Ruth Leuwerik, Jean Gabin zum Beispiel, die mir nie irgendwas bedeutet haben, vergesse ich doch auch nicht. Bei Clark Gable und Gregory Peck habe ich eine Idee, eine Ahnung«, sagt die Oma, »aber das ist eine andere Geschichte. Eine lange. Nur bei der Katja Ebstein, da habe ich keine Idee ... mhm, mhm ... eben fällt mir aber etwas dazu ein ... meine erste Schulfreundin, die hieß Katja ... na gut, kommt auch in die andere Geschichte.«

»Wenn dir das was ausmacht mit dem Vergessen, kauf dir doch so ein Lexikon oder guck im Dings nach, wie heißt das, du hast doch einen Computer«, sagt Rosalinde.
»Das ist nichts für mich«, entgegnet die Oma, »das taugt nicht. Das wäre ja die Lösung von außen, die

brauche ich nicht. Ich brauche die Lösung von innen. Entweder von selbst finden oder mich damit abfinden, dass es ist, wie es ist, dass es wird, wie es wird, und eine Strategie ... ooh, Chili, Chili con carne, so heißt das Essen mit den Kidneybohnen ... dazu entwickeln. Na, besser als eine Strategie wäre wohl eine Haltung, eine Einstellung dazu. Oder? Eine positive Haltung zum Vergesslichwerden – das wär's doch. Und wenn ich mir dann diese positive Haltung erarbeitet habe, verstärkt sich wieder mein Eindruck, dass ich mich in einem Stadium fortschreitender geistiger Entwicklung befinde, nein, falsch, nicht in einem *Stadium* fortschreitender, sondern in einem *Prozess* fortschreitender geistiger Entwicklung: Ich werde zwar immer vergesslicher, aber heller, entschiedener, heiterer: Ich werde *cle*ment, nicht *de*ment. Was hältst du davon?«

»Wovon?«

»Vergiss es«, sagt die Oma, »ich geh jetzt nach Hause, und morgen koch ich mal wieder ein ... ein ... das Essen mit den roten Bohnen, das allen so gut schmeckt.«

Die Opa

In jungen Jahren war die Oma mal Studentin, gab dieses Dasein nach einiger Zeit aber auf, weil sie mehr Heidelberg als Psychologie und mehr Freiburg als Germanistik studierte, und wandte sich anderen Dingen zu.

Jahrzehnte später, nachdem sie Rentière geworden ist, geht sie doch wieder zur Uni – Universität des dritten Lebensalters heißt das heutzutage, jedenfalls in Frankfurt am Main, und besucht eine sprachwissenschaftliche Vorlesung.

Um zum Campus zu kommen, fährt sie mit der U-Bahn von der Hauptwache Richtung Bockenheimer Warte.

Eines Vormittags, die U-Bahn ist ziemlich voll, stehen neben ihr zwei etwa zehnjährige Mädchen, sichtlich ausländischer Herkunft, und kriegen sich vor Gekicher nicht mehr ein, als die Durchsage kommt: Nächster Halt: Alte Oper.

Sie glucksen vor Vergnügen, stoßen sich in die Seite,

formen lautlos mit den Lippen »Alte Opa« und müssen wieder lachen.

Jetzt muss die Oma auch lachen und denkt, als sie zwei Stationen später aussteigt: Was ein Glück, dass die Frankfurter ihr schönes altes Konzert- und Veranstaltungshaus nicht »Alte Operette« nennen, wer weiß, was die Mädels dann verstanden hätten, möglicherweise »Alte Opa rette«. Und ihrem Großvater im Orient würden sie irgendwann erzählen, im fernen Deutschland gebe es eine Stadt, in der würden vor einer U-Bahn-Haltestelle die Großväter öffentlich per Lautsprecher aufgefordert, sich zu retten. Oder aber, die Mädels würden ihrem Großvater erzählen, vor dieser Haltestelle würden alte Männer öffentlich zu Hilfsdiensten an Verunglückten aufgefordert. Offenbar sei es dort so gefährlich, dass regelmäßig Menschen zu Schaden kämen und nur die Alten sie retten könnten.

»Alte Oper, alte Opa, Operette, Oparette«, murmelt die Oma amüsiert, während sie die vielen Stufen zum Hörsaal hochsteigt, »da fällt mir ein, was ich mal machen könnte.«
Sie betritt den Hörsaal, setzt sich auf ihren Lieblingsplatz, zückt Stift und Heft und notiert: Ich könnte eine »Omarette« schreiben. Beziehungs-

weise das Libretto dazu. Oder wenigstens ein paar Texte. Oder nein, Szenen wären besser, »Szenen einer Omarette«.

»Omarette«. Ein tolles Wort, die Oma ergötzt sich den ganzen Tag an ihrer Kreation, entwirft in Gedanken eine Szene nach der anderen. Und ist sehr vergnügt.

Warum sie am Abend den Begriff in die Suchmaschine ihres Computers eingibt, kann sie später nicht erklären. Sie tut es aber ... und die Eingebung ergibt: zweihundert Eintragungen zu »Omarette«.

Rums! Ein Schlag gegen ihr tolles Wort.
Rums! Ein Schlag gegen ihre gute Laune.
Rums! Ein Schlag gegen ihre Kreativität.

Benommen starrt die Oma auf den Bildschirm.

Auf einmal tun ihr die Füße weh, der Rücken schmerzt, die Arthrose beißt, die Augen tränen, langsam nimmt sie die Brille von der Nase, macht den Rechner aus und steht auf.
Sie geht in die Küche, öffnet ihren Vorratsschrank, kramt in der Abteilung Süßigkeiten, entdeckt ihre Lieblingsschokolade, bricht sich davon ein großes Stück ab und stopft es in den Mund.
»Blödes Internet, blödes«, sagt sie kauend, »versaut einem jeden Einfall ... hätt ich doch bloß nicht nachgeschaut ... hätt ich es doch nur sein lassen ... Aber dann hätte es sicher irgendwann jemand anderes getan, und das wäre ziemlich peinlich gewesen. Was ein Scheiß. Ich hab's doch erfunden. Mir ist doch ›Omarette‹ eingefallen. Es ist doch mein Wort.«

Auch wenn das »Omarette«, das im Internet steht, offenbar französisch ausgesprochen wird, den Glanz der Neuschöpfung, des originellen Einfalls, seinen Esprit hat es für die Oma verloren.

Enttäuscht geht sie schlafen.

Enttäuscht und missmutig ist sie auch noch an den folgenden zwei Tagen. Ihre Versuche, sich selbst damit zu trösten, es handele sich lediglich um den Verlust des Glanzes eines Einfalls, nicht um den Verlust von Ehre, Ansehen oder Portemonnaie, scheitern. Sie bleibt enttäuscht.

Wieso und warum sich dann Widerstand in ihr regt, weiß sie nicht. Er ist auf einmal da. Von irgendwo aus ihrem tiefsten Inneren kommt er her, der Widerstand, wird von irgendeiner geheimen Quelle, die sie nicht kennt, gespeist und heißt: Pah!

»Pah!«, sagt die Oma am dritten Tag laut, morgens beim Kaffeetrinken. »Pah!, und ich nehme es doch. Es ist *mein* Wort. Es ist *meine* Erfindung. Und ich schreibe sie doch, die ›Szenen einer Omarette‹. Wär doch gelacht, wenn ich das nicht schaffen würde ... Beethoven hat ja auch ... na, vielleicht bisschen gewagt, der Vergleich ... aber ich schaff das. Oma, rette, hahaha. Gibt es halt im Internet eine Eintragung mehr ... mhm, vielleicht ..., jedenfalls ist es *meine Omarette*. Wird es *meine Omarette*.«

Das Tuch

»Kommst du zu uns zum Mittagessen?«, fragt Hanna die Oma am Telefon, eines Vormittags im Sommer.

»Es gibt mein Lieblingsessen.«

»Soll ich mal raten, welches?«, fragt die Oma zurück.

»Ja.«

»Es gibt Gulasch mit Klößen.«

»Nein.«

»Gebratenen Fisch mit Gemüse.«

»Iiih.«

»Rotkraut mit Frikadellen und Kartoffeln.«

»Rotes Kraut? Pfui Deuwel.«

»Na, na. Pommes mit Würstchen?«

»Neien.«

»Wieso bist du denn nicht im Kindergarten?«

»Ich hab mir heute Urlaub genommen.«

»Ach so. Letzter Versuch: Es gibt Spaghet...«

»Jaaa. Mit Bolonäse. Kommst du?«

»Na, wenn ich so nett eingeladen werde, komme ich natürlich gern. Holst du mir mal bitte die Mama ans Telefon?«

Es stellt sich heraus, dass Hannas Mama am Nachmittag einen Arzttermin hat, die ursprünglich angefragte Babysitterin jedoch plötzlich absagen musste. Der Papa ist wegen Arbeit aushäusig.

Aha, denkt die Oma, jetzt kommt Logik in die Sache, und sagt ihre Teilnahme am Mittagessen sowie am Kindernachmittagsprogramm zu. Sie hat nichts anderes vor an diesem Tag.
»Soll ich zum Nachtisch ein Eis mitbringen?«, fragt sie ihre Tochter.
»Ja gern, am besten für alle Vanilleeis.«
»Mach ich«, sagt die Oma.

Man sitzt bei Tisch, Apfelsaft und Mineralwasser werden eingeschenkt, den Kindern werden die Spaghetti klein geschnitten. Es schmeckt allen. Und sie freuen sich auf den Nachtisch.
Der kleine Gustav ruft mit rot verziertem Mäulchen:
»Mama, Tuch!«
Er erhält ein Blatt Küchenpapier sowie einen ermahnenden Blick und wischt sich bedächtig den Mund ab. Dann zerknüllt er blitzschnell das Papier in der Hand, wirft es quer über den Tisch und schmettert:
»Helau!«
»Gustav«, sagt seine Mutter, »lass das.«

Die Oma verkneift sich das Nachfragen, weil sie nicht hätte ernst bleiben können.

Hanna klärt sie aber auf: »Das macht er jeden Tag so. Und morgens wirft er dem Papa immer ein Tuch in den Kaffee.«

»Na so was«, sagt die Oma, das Lachen unterdrückend, »wie kommt er denn dazu?«

»Seine große Schwester hat ihm an Fasching ›Helau‹ beigebracht, und seither macht er das bei jeder Mahlzeit«, anwortet seine Mutter, sichtlich not amused.

»Fasching ist schon ein paar Monate her«, meint die Oma und bezwingt ihre weiter aufsteigende Heiterkeit, »wir haben Juni. Was würde denn passieren, wenn ihr ihm kein Küchenpapier mehr geben würdet?«

»Er soll ja eins haben, damit er sich den Mund abwischen kann, ist immer noch praktischer als eine Stoffserviette, aber er muss auch lernen, es nicht jedes Mal ...«

»Mama, Tuch!«, ruft Gustav wieder.

»Ich geb dir noch eins, aber du wirfst es diesmal nicht über den Tisch! Sonst bekommst du großen Ärger mit mir! Riesengroßen Ärger. Hast du das gehört, Gustav?«

»Ja, Mama.« Spricht's, wischt sich den Mund ab, zerknüllt blitzschnell das Papier und wirft es über den Tisch. »Helau!«

Die Oma beherrscht sich mit Mühe.

Aber seine Mutter nicht, die ist jetzt zornig. Und laut: »Ich habe gesagt, du sollst das nicht mehr machen, Gustav. Es ist doch nicht zu fassen. Bei jedem Essen das gleiche Theater. Mir reicht es. Vollkommen reicht es mir. Augenblicklich gehst du in dein Zimmer, verstanden? Ohne Eis.«
Sie funkelt vor Zorn, diese Mutter, und schlägt mit der flachen Hand auf den Tisch.
»Und du, Hanna, du hörst sofort auf, mit dem Apfelsaft zu gurgeln.«

In diesem Moment ist es mit Omas Fassung vorbei. Sie fängt an zu lachen, will sich zusammennehmen, aber je mehr sie sich zusammennehmen will, desto mehr muss sie lachen, sie lacht, lacht alle unterdrückten Lacher heraus und kann nicht mehr aufhören.

Die zornfunkelnde Mutter ist verblüfft, sprachlos, schaut die Oma an, zögert einen Moment, zwei

Momente, fängt an zu kichern. Und lacht. Und lacht. Und kann nicht mehr aufhören.

Hanna und Gustav betrachten die Erwachsenen, verstehen nicht, was passiert, stimmen aber in das Gelächter ein. Und hören nicht mehr auf.
Und so lachen alle vier, lachen, wie noch nie jemand bei einem Spaghettiessen gelacht hat. Lachen, bis sie außer Atem sind und sich den Bauch halten müssen.

Dann bekommen alle ihr Eis. Auch Gustav.
Er isst es sehr manierlich. Als er fertig ist, schaut er langsam von seinem Teller auf und sagt: »Mama, Tuch!«

Die Oma gibt ihm eins.
»Und was machen wir jetzt *nicht*, Gustav?«, fragt sie.
»Helau!«, ruft er und wirft das Tuch über den Tisch.

Der Umzug

Von einer großen in eine kleine Wohnung ist die Oma umgezogen. Manche Dinge im Leben sind eben unumgänglich.
Nach der ersten unruhigen Nacht und einem kargen Frühstück geht sie in das, was einmal Wohnzimmer werden soll, und an die Arbeit:

»Zwei, vier, sechs, acht, zehn, zwanzig ... dreißig ... fünfzig ... siebzig ... achtzig, zweiundachtzig, vierundachtzig! Meine Güte! Vierundachtzig Kartons«, zählt sie. »Uuih, da stehen ja noch zwei: sechsundachtzig Kartons. Ich werd wahnsinnig. Ich werd verrückt. Hab ich die alle gepackt? Muss ich die jetzt alle wieder auspacken? Wahnsinn. Ich werd verrückt.«
Die Oma stöhnt: »Alle wieder auspacken. Wie mach ich das bloß? Von rechts nach links? Von oben nach unten? Wie mach ich das bloß? Einen nach dem andern? – Einen nach dem andern. In der Tat. Anders geht's ja auch nicht. Hahaha. Ich fang mal mit dem an«, sagt die Oma, »steht ›Bücher‹ drauf.

Ach, die alten Heine-Bände hab ich doch mitgenommen ...? Ich werd verrückt. Wo stell ich sie denn hin? Oben? Unten? Oben. In guter Griffhöhe. Und hier, der Tucholsky kommt nebendran. Kästner, Kästner, passt noch auf dieses Brett. Jean Paul? Kommt eins höher. Die Sofakissen auf die Couch. Die Vasen in den Unterschrank. Ein Karton leer. Noch fünfundachtzig voll.«
Die Oma singt sich Mut zu:

»Bücher, Bücher, ihr müsst wandern,
von dem einen Ort zum andern.
O wie schön, o wie schön
werdet ihr im Regal stehn.«

Langsam packt sie einen Karton nach dem andern aus. Gegen zwölf Uhr ist sie bei Nummer neunundsiebzig angelangt.
Die Freundin, die Hilfe angeboten und zugesagt hatte, ist krank geworden, daher muss die Oma sich allein durchwurschteln.

Das Handy klingelt. »Wo ist es? Wo ist das Handy? Wo ist das verdammte Handy? Ich werd verrückt. Wo ist das Han ... Auf dem obersten ...«
»Ja, hier spricht Kartonesien. Wer dort?«

Aufgelegt.

»Wenn ich ein Mal originell sein will«, murmelt die Oma vor sich hin.

»Kartons, Kartons, ihr müsst wandern,
von dem einen Ort zum andern.
O wie schön, o wie schön
ist es, euch geleert zu sehn.«

Rrrrrrr. Jetzt klingelt das Handy schon wieder.

»Hallo, wer ist denn da? Haa-llo!«

Wieso klingelt das Handy, wenn ich reinspreche?, denkt die Oma. Ojemine, ist gar nicht das Handy. Telefon kann's auch nicht sein, ist noch nicht angeschlossen.

Rrrrrrr.

Ist das die Wohnungsklingel ...glocke? Wo ist denn die Wohnungsklingelglocke? Beziehungsweise der Sprechapparat?

Die Oma schiebt sich an den Umzugskisten vorbei Richtung Wohnungstür.

Ach so, gibt's hier ja gar nicht, einen Sprechapparat. So was Blödes.

Rrrrrrrr!

Was muss ich denn jetzt machen? Wo, wie ... Wo muss ich denn jetzt hingehen?

Die Oma ist völlig verwirrt.

Rrrrrrr!

Türöffner. Ich muss den Türöffner drücken, fällt ihr schließlich ein.

Sie drückt, öffnet die Wohnungstür und schaut ins Treppenhaus.

Da kommt ein Engel die Stufen herauf, in der linken Hand zwei flache Kartons balancierend.

»Hallo, Mama«, sagt der Engel, »ich hab gedacht, ich ruf gar nicht erst auf dem Handy an, sondern komme gleich vorbei. Die Kinder sind mit ihrem

Papa auf dem Spielplatz und ich habe zwei Stunden Zeit. Dir hab ich eine Vegetarische mitgebracht. Ist das in Ordnung?«

Die Oma kann nur nicken. Sie wischt sich die Tränen mit ein bisschen Klopapier ab, weil sie nicht weiß, wo die Taschentücher sind.

Der Witz

Sie sind unterwegs zu Verwandten in den Taunus: die Oma auf dem Beifahrersitz, ihre Tochter Victoria am Steuer, Hanna und Gustav im Fond in den Kindersitzen. Die Fahrt geht über die Autobahn und dauert etwa eine Stunde. Und obwohl die Kinder Autofahren von klein auf gewöhnt sind, wird es ihnen doch bald langweilig. Das Auto ihrer Mama verfügt nicht über einen CD-Player, also muss man selbst etwas erzählen oder singen.

Die Oma stimmt nach zehn Minuten und ehe sich die beiden hinteren Fahrgäste wieder in die Wolle kriegen, die »Vogelhochzeit« an, mit den allseits beliebten Strophen: »Das Spätzchen, das Spätzchen, das trug ein rotes Lätzchen« und »Der Auerhahn, der Auerhahn, der hatte keine Windel an«. Ein wunderbares Lied. Zweimal gesungen, schon sind zwanzig Kilometer geschafft.

Dann wird nach roten Autos Ausschau gehalten. Wer zuerst eines sieht, hat gewonnen.

»Ein rotes, zwei rote!«, ruft Hanna sofort. »Gewonnen!«

Und Gustav kräht: »Hotes Auto! Wonnen, Mama!«

»Wieda hotes Auto«, sagt er kurz darauf.

»Das war aber blau«, korrigiert ihn seine Schwester.

»Baues Auto!«, ruft er.

»Das war doch grün«, erklärt Hanna ärgerlich, »Mama, mit dem Gustav kann man nicht rotes Auto spielen. Der ist noch zu …«

»Günes Auto!«, ruft er dazwischen.

»… klein. Und dieses Auto war gelb. Ich mach nicht mehr mit. Wann sind wir denn endlich da?«

»Dauert noch eine Weile«, murmelt die Mama.

Pause. Silentium.

Auf einmal verkündet Hanna aus dem Fond: »Oma, ich erzähl dir jetzt einen Witz.«

Oha, denkt die Oma, beginnt bei ihr die Witzephase – ziemlich früh mit gerade mal viereinhalb Jahren. Na ja, dieses Kind liest ja auch schon und möchte jeden Tag Buchstaben schreiben.

»So, einen Witz«, sagt sie.

»Ja.« Hanna legt los, allerdings so leise und schnell, dass nichts zu verstehen ist.

»Hannchen«, sagt die Oma, »ich habe leider überhaupt nichts gehört, kannst du mir das bitte noch mal ein bisschen lauter erzählen?«

Schweigen.

»Na, dann erzähl ich dir einen Witz«, fährt die Oma fort. »Also: Zwei Erbsen gehen spazieren. Auf einmal sagt die eine zur anderen: ›Du, pass auf, da vorne kommt eine Trepp... ...ppepp ...ppepp ...ppepp ...ppe.‹«

Die Fahrerin am Steuer grinst, weil sie sich an *den* Witz aus ihrer eigenen Kinderzeit noch gut erinnern kann.

»Oma, jetzt erzähl ich dir einen Witz«, sagt Hanna, diesmal laut und vernehmlich: »Zwei Flugzeuge gehen spazieren, da sagt das eine zum andern: ›Du, pass auf, da vorne kommt eine E... E... E... E... Erbse.‹«

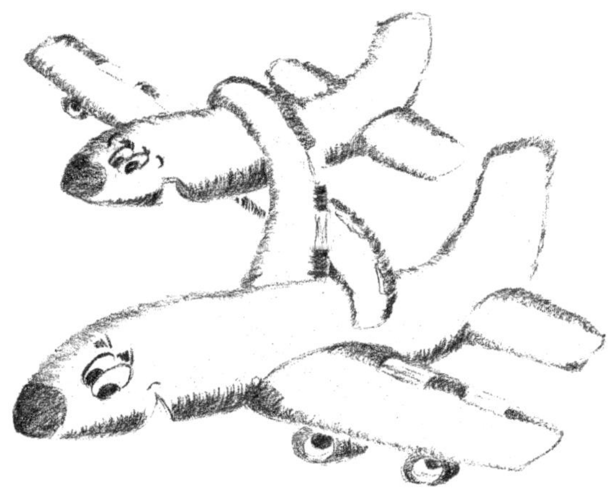

Plötzlich schlingert das Auto ein bisschen, weil das Steuerrad vor Lachen wackelt. Die Oma prustet heraus: »Du, pass auf«, reißt sich zusammen und sagt nach hinten gewandt: »Hannchen, das ist der schönste Witz, den ich je gehört habe.«

Der Antrag

Seit sie zu Ende sind, ihre Jahre der Liebe, ihre Jahre der Illusion, seit die Oma in der Realität des Altwerdens angekommen ist, geht sie in die Sauna. Regelmäßig. Allein. Mit großem Vergnügen. Sauna tut ihr gut.

Im Prinzip ist sie ja völlig unsportlich, jedenfalls nach den Maßgaben des 21. Jahrhunderts, aber sie bewegt sich gern an der frischen Luft, im Wasser, am Strand, auf dem Parkett. Gern heißt gern, nichts weiter.

Der Mittwoch ist ein Bewegungstag. Sie fährt um halb elf los, ist um elf in der Sauna, zieht sich um beziehungsweise aus, duscht, schwimmt, duscht wieder und beginnt in der Sechzig-Grad-Kabine das Schwitzen. Nach und nach absolviert sie noch zwei Saunagänge, ruht sich aus, schwimmt ein bisschen, spaziert auf dem Außengelände herum. Am Ende ihres Programms, gegen halb drei, isst sie von ihrem mitgebrachten Brot, trinkt reichlich Wasser, manchmal im Restaurant einen Kaffee und fährt dann nach Hause.

Das Saunieren macht sie – wie vieles andere auch – am liebsten allein. Beschäftigung und Unterhaltung gibt es genug. Sie ist zum Beispiel damit beschäftigt, das Geplauder und Verhalten der übrigen Saunabesucher zu überhören und zu übersehen. Und sie unterhält sich mit sich selbst: Du weißt doch, wie die Menschen sind, erzählt sie sich, ertrag sie, ertrage ihre Ignoranz, ihre Unvernunft, ihre langen Zehennägel. Denk daran, wie gut du dich hinterher, nach deinen drei Saunagängen, fühlen wirst, wie fit du sein wirst, wie entspannt du heute Abend schlafen wirst. Sei nicht so etepetete, schau nicht hin, hör drüber weg, reg dich nicht auf, auch nicht über die sogenannte Entspannungsmusik, dieses kastrierte Gedudel. Übe Nachsicht. Andere mögen das halt. Setz Prioritäten. Behalte das Ziel im Blick: die Herstellung von Wohlbefinden und die Erhaltung von Gesundheit. Schwitz dir deine Idiosynkrasien raus.

Irgendwie kriegt sie den Saunabesuch immer wieder hin, die Oma, mit Mühe zwar, doch mit vergnügter Mühe.

In den Schwitzkabinen wäre sie natürlich am liebsten auch allein, aber das lässt sich selten realisieren. Andere Leute kommen ja schließlich ebenfalls her, um zu schwitzen, sagt sie sich. Konzentriere dich auf dich, dann nimmst du die anderen überhaupt nicht wahr.

Aber das Wahrnehmen lässt sich ja doch nicht ganz abschalten. Wenn sie zum Beispiel allein in einer Schwitzkabine auf der obersten Etage liegt, mit geschlossenen Augen, die Tür aufgeht und jemand hereinkommt, kann die Oma sofort erkennen, ob es zwei Personen sind, eine einzelne Frau oder ein einzelner Mann:

Die Zweiergrüppchen öffnen laut die Tür, alle mit ausgesuchter Rücksichtslosigkeit: »Wollen wir uns oben oder unten hinsetzen?« »Wieso hast du die gelben Handtücher dabei?« »Mindestens hundertachtzig PS.« »Machst du Kartoffelsalat mit Mayo?« »Pssst, sei mal leiser, ich glaub, das hier ist eine Ruhekabine.« »Was hast du gesagt?« »Eine Ruhekabine.« »Wieso denn Ruhe? Wenn ich in der Sauna reden will, dann rede ich. Wen's stört, der kann ja rausgehen.« Irgendwann nehmen sie ihre Plätze ein, und im günstigsten Fall halten sie zwei Minuten die Klappe.

Eine einzelne Frau öffnet leise die Tür, tritt behutsam auf, breitet ruhig ihr Handtuch aus, macht ein paar Hinleggeräusche und ist dann still.

Ein einzelner Mann reißt die Tür auf, schnauft, hustet, breitet stöhnend sein Handtuch aus, lässt sich mit Karacho auf eine Schwitzbank plumpsen, legt sich geräuschvoll hin und beginnt nach einigen Minuten ächzend, sich den Schweiß vom Körper zu schaben ...

Das alles kann die Oma hören. Mit geschlossenen Augen.

Sie kann aber noch etwas mit geschlossenen Augen: riechen. Sie riecht, wer hereinkommt:
Zweiergruppen riechen neutral, einzelne Frauen nach Deo, und Männer ... tja ... einzelne Männer ... Verheiratete riechen nach Weichspülmittel, Schwule nach Parfum und Unverheiratete nach Schweiß. Drei Geruchsklassifizierungen, eine nasologische Empirie.

Ihre Wahrnehmungen hat die Oma im Verlauf mehrerer Jahre zuordnen können, will sagen, sie hat in der Sauna gesehen, mitbekommen und erlebt, wer zu wem gehört oder nicht gehört, wer wem was erzählt, wer sich wie verhält. Da formt sich dann schon ein Erkenntnisbild.

Davon spricht sie aber nie, weil's ja doch keiner glauben würde. »Du übertreibst mal wieder«, würde man ihr sagen, »maßlos übertreibst du, riechen können, wer in die Kabine kommt – du, mit deiner Nase.« Und es stimmt doch. Übertreibung hin, Übertreibung her. Sie riecht es. Mit geschlossenen Augen.

An einem sonnigen Mittwoch im Juli liegt die Oma wieder in der Sechzig-Grad-Kabine auf der obersten Bank, gut gelaunt, weil Sommer ist, und völlig allein. Großes Schwitzglück.

Nach einigen Minuten wird die Tür aufgerissen, es schnauft und hustet, breitet stöhnend sein Handtuch aus, lässt sich mit Karacho auf eine Bank plumpsen, legt sich geräuschvoll hin – und riecht nach Schweiß.

Du meine Güte, denkt die Oma, immer wieder das Gleiche mit diesen Typen. Wenigstens hat er sich in die andere Ecke verzogen, kann mich nicht sehen, und ich muss mich nicht an ihm vorbeizwängen, wenn ich rausgehe. Besser, ich tu das jetzt, bevor er auch noch anfängt, sich zu schaben ...

»Sind Sie aichentlich allans? Oder hawwe Sie 'n Paddner?«, fragt da der Typ.

Um Himmels willen, wen meint der denn? Der Oma purzeln die Gedanken durch den Kopf. Es ist doch niemand hier drin außer mir. Er kann ja nur mich meinen. Aber er kann mich doch gar nicht sehen! Was sage ich denn jetzt? Was denkt der sich denn? Wenn ich sage: Wie kommen Sie dazu, mich so was zu fragen, antwortet er. Das will ich doch gar nicht. Und wenn ich sage: Ja … oder … nein, redet der auch was. Der soll mich doch in Ruhe lassen. Was für eine Impertinenz. Ich weiß ja nicht mal, wie der aussieht. Mich einfach so anzuquatschen. Aber irgendwie reagieren muss ich, sonst fragt er noch mal. Schließlich knurrt sie: »Ich möchte mich jetzt nicht unterhalten.«
»Ach so«, brummt er und schweigt.

Kurze Zeit darauf verlässt die Oma die Kabine, ohne sich umzusehen, nach einer kalten Dusche lechzend und zwischen Belustigung und Verärgerung schwankend. Sie hält sich noch einige Zeit in der Sauna auf, legt aber keinerlei Wert darauf herauszufinden, wer ihr diese Frage gestellt hat.

»Das war aber keine Frage«, sagt anderntags Philipp, ihr Schwiegersohn, dem sie davon erzählt.

»So? Was war es denn?«

»Ein Antrag«, sagt er, »das war ein regelrechter Antrag. Weißt du nicht, dass man das hierzulande in manchen Kreisen so macht? Gleich zur Sache kommen – und basta.«

»Jawohl, basta. Woher weißt du eigentlich, was man in manchen Kreisen so macht?«

Philipp grinst.

»Na, ist ja auch egal. Stell dir doch mal vor, du liegst allein, nackig und still in der Schwitzkabine, hörst, dass jemand reinkommt, denkst dir nichts weiter, und da fragt dich einer, den du überhaupt nicht siehst und sehen kannst, ob du einen Paddner hast.«

Philipp lacht: »Also die Methode gefällt mir. Nicht lange rumfackeln, sondern gleich ran an den Speck.«

»Wie meinst du das, Philipp?«

Er lacht noch mehr: »Der hat sich nicht mit Kontaktanbahnung oder Kennenlerngesprächen aufgehalten, sondern ist sofort auf sein Ziel los ... Hättest doch auch ausprobieren können, was passiert wäre, wenn du nein gesagt hättest. Übrigens: Der muss dich ja vorher in der Sauna beobachtet haben.«

»Wieso?«

»Irgendeinen Grund, gerade dich zu fragen, muss er wohl gehabt haben. Der hat gesehen, aha, die ist allein, macht einen guten Eindruck, gefällt mir.«

»Auf die Idee bin ich noch gar nicht gekommen«, sagt die Oma, verwundert über ihre Naivität. »Ja, wahrscheinlich hat er mich beobachtet und ist mir dann nachgegangen. Aber was denkt sich denn ein Mann dabei, so ohne Weiteres zu fragen – in der Schwitzkabine? Wie, denkt er, wird eine Frau, die an einem solchen Ort einen solchen ›Antrag‹ bekommt, reagieren?«

»Kann ich dir sagen, was der denkt«, entgegnet Philipp, »nichts. Absolut nichts. Für den ist denken Zeitverschwendung. Jedenfalls in dem Punkt. Er probiert's halt. Immer wieder. Und irgendwann hat er Glück. Aber immerhin hat er gefragt und dich nicht einfach dumm angemacht.«

Jetzt lacht die Oma: »So kann man's auch sehen. Aus seiner Perspektive betrachtet war er sicher sehr höflich. Trotzdem: Antrag abgelehnt.«

Der Zustand

An manchen Tagen ist die Oma melancholisch, schwermütig, niedergeschlagen, energielos, kraftlos, antriebslos. Sie kennt das seit vielen Jahren. Sie kommt in diesen Zustand rein, ohne es zu wollen. Sie kommt aus diesem Zustand raus. Ohne es zu wollen.

Das heißt: Nicht mit Anstrengung, mit Geistes- oder Körperübungen kommt sie raus, schon gar nicht mit Seelenübungen, sondern nur wenn sie sagt: »Hallo Zustand, ach, du besuchst mich mal wieder. Wie nett von dir ... Nimm Platz. Mach's dir gemütlich. Wie lange möchtest du denn bleiben?«

»So drei, vier Tage«, sagt dann der Zustand und hält sich auch daran. Nach verbrachter Zeit verabschiedet er sich freundlich: »Tschüs, du, ich muss gehen, hab noch andere Verpflichtungen. Bis zum nächsten Mal.«

Als er in einem schönen August wieder mal vorbeischaut, der Zustand, und die Oma wieder sagt:

»Mach's dir gemütlich, bleib, so lange du möchtest«,
da ist etwas anders: Der Zustand verabschiedet sich
nicht nach drei, vier Tagen. Er bleibt. Wesentlich
länger als sonst: Er bleibt zwei Wochen.

Am fünfzehnten Tag, sie sitzen zusammen im Wohnzimmer auf der Couch und essen Kuchen, kratzt
die Oma aus einer Seelenecke ein paar Krümel Mut
zusammen und sagt: »Ich muss was mit dir bespre-
chen, Zustand. Du bist diesmal sehr lange hier –
gibt es einen Grund dafür?«

»Och«, entgegnet der Zustand, »draußen ist es heiß
und die Sonne scheint, hier drin bei dir ist es ange-
nehm kühl und dunkel ...«

Die Oma unterbricht ihn: »Einerseits ist es ja okay,
wenn du länger bleibst, aber andererseits, ehrlich
gesagt, bin ich doch nicht ganz damit einverstan-
den. Wir verbringen, glaub ich, zu viel Zeit mitein-
ander. Irgendwie tut mir das nicht gut. Hättest du
was dagegen, wenn ich mich während deines Auf-
enthaltes wieder ein bisschen mehr in der Welt draußen bewege?«

»Nein, nein«, erwidert der Zustand, »ich hab überhaupt nichts dagegen, mach nur. Ich komm hier
schon zurecht.«

»Nur ein bisschen«, erklärt die Oma, »jeden Tag ein
paar Minuten draußen bewegen. Nachher zum Bei-

spiel möchte ich jemanden begrüßen. Da gibt es nämlich, da steht nämlich, das muss ich dir ... willst du das hören?«

»Warum nicht«, erwidert der Zustand und macht's sich auf der Couch bequem.

»Da steht nämlich«, beginnt die Oma zu erzählen, »seit fünf Monaten an meiner Hauswand, so zwischen Gehsteig und Hauswand zwängt es sich hindurch, klein, bescheiden, ein bisschen weiß, ein bisschen gelb, ein bisschen lila, ein Minipflänzchen. Mit fünf Blüten, manchmal sechs. Weit und breit ist kein anderes Pflänzchen zu sehen, nur ein paar Grashalme zwischen den Steinen. Gegenüber, auf der anderen Straßenseite, gibt's Vorgärtchen mit

Sträuchern, Flieder und Flader, Essigbäumen und Blumen und so Sachen, aber hier, auf meiner Seite – nichts. Nur Hauswände und der ›O-otmar‹, wie mein kleiner Vetter Rudi immer sagte, früher, als der Bürgersteig noch ›Trottoir‹ hieß. Heute heißt der Bürgersteig nicht mehr ›Otmar‹, nicht mal mehr Bürgersteig, sondern Gehsteig. Und in diesen Gehsteig hat es sich eingenistet, das Pflänzchen – hörst du mir überhaupt noch zu, Zustand?«

»Äh, was? Ja klar, hör ich zu.«

»Besser gesagt, es hat sich eingewurzelt, ganz freiwillig: ein bisschen weiß, ein bisschen gelb und ein bisschen lila – ein richtiges, ein echtes Stiefmütterchen. Ein richtiges wildes. ›Viola tricolor‹ heißt es botanisch, gehört zur Gattung der Veilchen, kommt im gemäßigten Europa und in Asien vor, meist auf Äckern und Wiesen.«

Die Oma sitzt jetzt kerzengerade auf der Couch, hat den Kuchenteller von sich geschoben und fährt fort: »Denk mal, Zustand, und bei mir in meiner Straße kommt es vor, ein niedliches winziges Stiefmütterchen ... ein Mutterstiefelchen ... nicht so ein Riesenoschi, so ein gestyltes Pensée, ein floraler Kavenzmann aus der Genküche, so ein Schmetterling am Stiel, nein, ein richtiges kleines Stiefmütterchen.«

Die Oma erhebt sich, streckt sich und läuft herum. »Seit fünf Monaten«, sagt sie, »seit fünf Monaten steht es da und blüht. Tagein, tagaus. Nachts schläfts und tags blühts. Jedes Mal wenn ich nach Hause komme, freut es mich, mein Stiefmütterchen. Na ja, es springt nicht an mir hoch, wedelt nicht mit dem Schwanz, es macht keinen Buckel und streicht mir nicht um die Beine, zugegeben. Aber es steht da und blüht mich an. – Dieses Stiefmütterchen werde ich jetzt begrüßen«, sagt die Oma und geht aus dem Zimmer. »Also bis später, Zustand.«

Keine Reaktion.
»Hallo? Zustand?«
Schweigen.
»Hey!«
Die Oma schaut sich um: Kein Zustand mehr da.

»So was Unhöfliches«, schimpft sie vor sich hin, »wegzugehen ohne Abschiedsgruß. Keine Manieren, dieser Typ. Hat sich vierzehn Tage bei mir durchgefressen und verschwindet einfach ohne ein Wort, ohne ein Dankeschön. So eine Unverschämtheit. So eine Frechheit. Der kommt mir nicht wieder ins Haus. – Scheißzustand!«

Der Bolle

Es lässt sich viel über die Oma sagen, sie hat auch schon viel über sich gehört: Negatives, Unzutreffendes, Dummes, Blödes, auch mal was Zutreffendes, Nettes, Gescheites. Das Leben hat sie gelehrt, beidem mit Gleichmut zu begegnen.
Was man ihr jedoch keinesfalls nachsagen kann: Sie sei aufdringlich, mische sich in anderer Leute Leben ein, wolle immer alles kontrollieren und wisse alles besser.
Nein, das kann man ihr weder vorwerfen noch nachsagen.

Sie bietet auch nicht stets und ständig ihre Hilfe an, sie versucht auch nicht, sich auf Deiwelkommraus unentbehrlich zu machen oder hintenrum, mit Anspielungen, Einflussnahme und Partizipation zu erreichen. Nein, das tut sie nicht.

Umso erstaunter ist die Oma, als sie eines Tages telefonisch von ihrer Tochter Victoria gefragt wird:

»Mama, könntest du dir vorstellen, mit uns im September nach Föhr zu fahren?«

»Wie«, sagt die Oma, »nach Föhr mit uns.«

(Dazu muss man wissen, dass das beider Lieblings-Nordseeinsel ist und sie schon etliche Male allein oder gemeinsam Ferien dort verbracht haben, die Oma aber in eben diesem Jahr aus gegebenem Anlass nicht hinfährt; na, sagen wir's ehrlich: nicht hinfahren kann, weil sie das Geld dazu nicht hat.)

»Nach, Föhr, ja, nach Wyk auf Föhr. Es ist nämlich so: Du weißt, dass beide Kinder im vergangenen Winter oft erkältet waren, und da haben wir uns gedacht, Philipp und ich, wir fahren mit ihnen zwei Wochen an die See, um sie ein wenig zu stabilisieren. Also es ist ein Versuch. Aber Philipp hat nur eine Woche Zeit, und unsere Idee ist, dich zu fragen, ob du mitkommen möchtest: eine Woche als Mithilfe sozusagen und eine Woche, wenn Philipp nachgekommen ist, hättest du Ur ...«

»Ja, möchte ich«, sagt die Oma.

»... Urlaub. Und die Fahrt würde dich nichts kosten. Was den Aufenthalt betrifft, da würden wir dir ...«

»... Ja, möchte ich. Mache ich. Habe ich verstanden: Eine Woche Familienleben mitmachen von morgens bis abends und eine Woche ...«

Sie gerät aus dem Häuschen – zwei Wochen Nordseeurlaub mit den großen und den kleinen Kindern – und schichtet in Gedanken ihre Finanzen um.
»Natürlich müssten wir jeden Tag Mittagspause oder so was machen, Mama. Brauch ich ja auch.«
»Ja, klar, ich auch.«
»Kannst du dir das wirklich vorstellen? Es wird schon anstrengend für dich.«
»Jj..a, kann ich ... aber ... aber ich habe eine Bitte, Victoria, vielmehr es ist eine Bedingung.«
»Nämlich?«
»Zwei getrennte Ferienwohnungen.«
»Sowieso. Anders möchten wir es auch nicht.«
»Das wäre ein spannendes Experiment«, sagt die Oma, »aber ich denke, es könnte klappen.«
»Ich denke es auch.«

Siehe da, sie finden für September in einem Haus zwei preiswerte getrennte Ferienwohnungen: die größere im Parterre für die Familie, die kleinere für die Oma im Souterrain. Der Strand ist mit dem Fahrrad in fünf Minuten zu erreichen.
Unterkunft, Stimmung, Verpflegung, Experiment Ferienfamilienleben: alles bestens – bis aufs Wetter Anfang der zweiten Woche. Da ist es sehr windig, unfreundlich. Aber was hilft's, die Kinder sollen

auch am windigen Montag an den Strand. Sie werden gelockt mit der Aussicht, die Drachen steigen lassen zu dürfen, die ihr Papa aus der Heimat mitgebracht hat, werden warm eingepackt, sogar mit Schal und Mütze, setzen ihre neuen Sonnenbrillen auf – zum Schutz gegen den Sand, der vom Wind aufgewirbelt wird und ihnen in die Augen fliegt. Ihre Mama hatte gleich zu Anfang des Urlaubs einen Strandkorb gemietet, darin werden die Spielsachen und Rucksäcke verstaut, und dann, wie jeden Tag: auf zum Sammeln.

Gustav marschiert mit der Oma los, Hanna darf allein gehen, unter strengster Telebewachung von Mama im Strandkorb und Papa, der im Sand die Drachenleinen entwirrt.

Was ist heute wieder alles zu finden am Strand: Scherben, Stöckchen, Steine, Muscheln, eine schöner als die andere, und Gustav hat bald seinen kleinen Eimer vollgesammelt. Bedächtig bleibt er danach stehen, schaut auf die Wellen und wirft wortlos ein Stück nach dem andern ins Wasser zurück, bis sein Eimerchen leer ist.

»Möchtest du die Steine und Muscheln heute nicht mitnehmen?«, fragt die Oma.

»Nein«, antwortet er, »möchte nicht.«

Ein »Warum nicht« verkneift sich die Oma, denn der kleine Gustav weiß mit seinen zwei Jahren manchmal einfach keine Anwort und wird unglücklich, wenn er sich durch Fragen bedrängt fühlt. Er wird schon seine Gründe haben, denkt sie.

Er nennt aber keine und sagt stattdessen: »Kuchen essen.«

Übersetzt heißt das: Er hat Hunger. Beide gehen daher zum Strandkorb zurück.

Dort hat sich auch Hanna eingefunden, ebenfalls hungrig und durchgepustet vom Wind, der fast schon ein Sturm geworden ist.

Es gibt Campingwecken, Rosinenbrötchen und warmen Tee. Oma und Mama setzen sich in den Strandkorb, jede ein Kind auf dem Schoß. Gustav bei Oma, Hanna bei Mama.

Die beiden Erwachsenen schauen aufs Wasser, in die Ferne. Die Kinder futtern. Der Papa entwirrt Drachenleinen.

Auf einmal schwirrt eine Melodie durch den Strandkorb. Wer hat angefangen zu summen? Man weiß es nicht. Eine Melodie mit einem Text, der ... also der entbehrt jeglichen pädagogischen Werts, passt weder zu einer Großmutter noch zu einer Jungmutter, weder zu kleinen Kindern noch an die Nordsee. Er passt zu aufgedrehten Schülern auf Klassenfahrt, zu ausgelassenen Jugendlichen auf Konfirmandenfreizeit und geht so:

*»Bolle reiste jüngst zu Pfingsten und Pankow war
sein Ziel.
Da verlor er seinen Jüngsten ganz plötzlich im Gewühl;
'ne volle halbe Stunde hat er nach ihm gespürt,
aber dennoch hat sich Bolle ganz köstlich amüsiert,
aber dennoch hat sich Bolle ganz köstlich amüsiert.«*

Fünf Strophen hat dieses Lied. Und alle fünf werden jetzt im Strandkorb gesungen, so als hätten die Oma und ihre Tochter das insgeheim einstudiert. Haben sie aber nicht. Keine wusste von der anderen, dass sie a) das Lied kennt, b) alle Strophen kennt. Sie singen einfach drauflos. Und erst als sie fertig sind, merken sie, dass die Kinder auf ihrem Schoß keinen Mucks von sich gegeben haben. Auch danach noch: Schweigen.

Bis Gustav sagt: »Nochma, Bollerwagen.«
Und Hanna: »Ja, ja, noch mal.«
Also singen Oma und Mama noch mal alle fünf Strophen.
Der Papa entwirrt Drachenleinen.

Als die Oma eine halbe Stunde später allein am Strand entlanggeht, denkt sie: Was eigentlich haben diese beiden kleinen Kinder von dem Text verstanden? So gut wie nichts. Sie wissen nicht, was Bolle ist, was Pfingsten ist, was Pankow ist, um nur mal die erste Strophe zu nehmen. Sie wissen nicht, was die Schönholzer Heide ist, was eine Keilerei ist, was mittenmang bedeutet, um die dritte Strophe zu nehmen. Was es heißt, der Bolle reißt's Messer raus und massakriert fünfe und seine Olle verdrescht ihn ganz mörderisch, wissen sie auch nicht.
Verstehen sie nicht. Können sie ja noch gar nicht verstehen, sie kennen weder die Worte noch deren Sinn.

Und trotzdem wollten sie das Lied noch mal hören.
Was also haben sie verstanden?
Nichts – und alles.

Die gelöste Stimmung, die heitere Atmosphäre,
dass Oma und Mama vergnügt waren, etwas gesungen haben, was sie zu Hause nicht singen, obwohl
viel gesungen wird. Dass sie gut gelaunt waren, zu
Quatsch und Alberei aufgelegt – das haben sie verstanden, das haben sie gespürt, diese Kleinen – und
genossen.

Im Strandkorb bei Windstärke sieben, auf dem
Schoß den kleinen Gustav, nebendran ihr großes
Kind mit Hanna, zweimal Bolle singen ... für die
Oma ist das Urlaubshochgenuss.

Wenn man noch einmal etwas Zutreffendes über die
Oma sagen wollte, dann dies: dass sie in manchen
Dingen sehr anspruchslos ist.

Oder ist es anspruchsvoll?

Der Treffer

Wie früher, denkt die Oma, mittelgroße Kleinstadt, Samstagnachmittag, Hotel »Goldener Hirsch«, Nebenzimmer. Ein langer weiß gedeckter Tisch, gepolsterte Stühle. Gut gelaunte Menschen. Klassen-Gelächter, Gespräche, Gegockel, Gegacker. Wie früher: »Ich bin«, »ich habe«, »ich mache«, »ich werde«. Alles ichs. Kein du.
Wie früher: Kaffee, Kuchen. Sehr viel Kuchen.
Nicht wie früher: Grauköpfe, Färbhaare, Schütterhaare.
Darf auch sein. Nach fünfundvierzig Jahren.

Dieter fragt: »Kommt die Grünberg? Wisst ihr eigentlich, dass meine Tochter die auch noch in Deutsch und Geschichte hatte?«
»Und mein Ältester«, sagt Heinrich, »hat noch den Kappel in Latein gehabt.«
Hans erzählt, er habe wieder geheiratet, zum dritten Mal. Erwin berichtet, er werde zum vierten Mal geschieden.

Es folgen Klatsch und Klätschchen über Ferngeblie-
bene: Sigrid hat Depressionen. Alfred Alkoholprob-
leme. Fritz ist pleite. Gudrun esoterisch. Renate bei
einem Guru.

»Und ich habe schon ein Enkelchen«, sagt die Oma.

Nach einer Stunde öffnet sich die Tür und herein
kommen – uralt – die Grünberg, der Kappel und
die Blauthaler, die ehemalige Klassenlehrerin. Hallo-
undhallo und Gutentag und Achwieschön. Sie
machen die Runde, die drei Lehrer, begrüßen die
einundzwanzig Anwesenden. Die Grünberg kennt
alle noch mit Namen, der Kappel die meisten, die
Blauthaler zwanzig.
Vor der Oma bleibt sie stehen. »Sie kenne ich nicht«,
sagt sie.
»Sie kennen mich schon seit fünfundvierzig Jahren
nicht«, sagt die Oma. »Bei jedem Klassentreffen
kennen Sie mich nicht. Ich bin die Juliane Lehner.«
»Ach«, meint die Blauthaler, »ich hätte Sie nicht wie-
dererkannt, Sie haben sich sehr verändert.«
»Sie nicht«, sagt die Oma.

Wieder öffnet sich die Tür, und Ludwig kommt
herein. Fast wäre er mit der Oma zusammengestoßen.

»Ja guten Tach, Juliane«, sagt er lachend, »da sieht man sich Jahrzehnte lang nicht und fällt dann fast übereinander. So was.«

»Hallo, Ludwig, wie schön, dass du mich ... wie schön, dass du gekommen bist. Haben wir uns wirklich fünfundvierzig Jahre nicht gesehen? Du warst nie bei einem Klassentreffen? Umso besser, dass du heute mal gekommen bist. Komm, neben mir ist noch ein Platz frei. Komm, setz dich zu mir. Kaffee? Kuchen muss man sich selbst holen, von dem kleinen Tisch da vorn.«

Ludwig setzt sich. »Einen Kaffee trink ich gern«, sagt er. »Ha, da sitzen wir wieder nebeneinander, wie früher, weißt du noch? Da saßen wir auch mal eine Zeitlang nebeneinander.«

»Stimmt«, antwortet die Oma, »bis wir zu viel geschwätzt haben im Unterricht und die Blauthaler uns auseinander gesetzt hat. Übrigens, da vorne steht sie.«

»So«, sagt Ludwig, »da steht sie gut. Ich will jetzt erst gucken, wer überhaupt da ist, und dann mit dir plaudern.«

Er guckt. Einen Kaffee lang guckt er.

Dann plaudert er: »Wie geht's dir?«

»Gut«, sagt die Oma.

»Ich hab gehört, du wohnst in Frankfurt?«

»Bei.«

»Du wohnst Frankfurt bei?«

»Ludwig! Ich wohne bei Frankfurt. Und du?«

»In Mannheim.«

»Und was tust du, wenn du nicht wohnst?«

»Ich arbeite.«

»Aha. Schön, mit dir zu plaudern«, sagt die Oma, »und nun mal raus mit der Sprache: Was, wo, wann, mit wem, wie, wodurch, wieso und warum ...«

Und dann erzählt er tatsächlich. So, als säßen sie im Unterricht wieder nebeneinander.

»Das heißt«, meint die Oma nach intensivem Zuhören, »eigentlich geht's dir ganz gut.«

»Ja, aber uneigentlich doch nicht so«, entgegnet er.

»Darf man fragen, warum?«

»Na ja, wir haben da einen Nachzügler. Also wir haben zwei erwachsene Kinder und dann noch einen Neunzehnjährigen. Und der hat gerade fürchterlich Liebeskummer.«

»Den ersten?«, fragt die Oma.

»Ja. Zwei Jahre war er mit einem Mädel zusammen, und vor vierzehn Tagen hat sie Schluss gemacht, weil sie ihn nicht mehr liebt, meint sie. Das hat er uns erzählt. Aber sonst nichts. Kein Wort. Er kriegt seither einfach die Zähne nicht mehr auseinander, der

Junge. Er spricht nicht darüber. Dabei sieht man's ihm an, wie er leidet, wie schlecht's ihm geht. Aber meine Frau und ich, wir kommen nicht an ihn ran, er sagt einfach nichts.«

»Muss er auch nicht, mit neunzehn«, meint die Oma, »beim ersten Mal.«

»Das macht uns aber große Sorgen«, sagt Ludwig, »wir sind ratlos und irgendwie hilflos, meine Frau und ich. Er geht seit zwei Wochen nicht mehr weg, hängt zu Hause rum, isst kaum was, kapselt sich ab, trifft keine Freunde mehr, macht seinen Sport nicht mehr, hört nur noch Musik und sagt nichts. Und fürs Abi lernt er zurzeit auch nicht.«

»Irgendwas mit Drogen, Ludwig?«

»Nein.«

»Mit Alkohol?«

»Du, er ist begeisterter Leichtathlet, er nimmt nichts, er trinkt nicht. Na ja, mal paar Biere mit den Kumpels, aber da is ja nichts dabei. Alles andere hätten wir gemerkt.«

Ludwig schenkt sich noch einen Kaffee ein, süßt mit drei Löffeln Zucker und rührt. Und rührt. Und rührt.

»Sag mal«, sagt die Oma nach einer Weile, »wenn dein Sohn so großen Kummer hat, wieso bist du dann am Samstagnachmittag beim Klassentreffen?«

»Wie meinst du das?«

»Ich meine, am Wochenende hättest du ja ein bisschen Zeit und dein Sohn würde dich vielleicht brauchen. Jetzt, in seinem Liebeskummer. Wenn Söhne Liebeskummer haben, brauchen sie Väter.«

»Du bist gut, was soll ich denn machen? Er spricht doch nichts. Da kann man ihn fragen oder ihm gut zureden: nichts. Hast du auch Kinder?«

»Ja, eins, und schon ein Enkelchen. Du sollst doch gar nicht sprechen mit ihm. Hast du nicht im Keller ein altes Fahrrad, das du schon längst mal reparieren wolltest?«

»Ja, hab ich.«

»Wobei du ihn brauchst? Frag ihn, ob er dir hilft. Sprechen muss man dabei nicht. Oder nicht viel. Jedenfalls nichts über Liebeskummer.«

Ludwig macht große Augen und schweigt. Steht nach einer Weile auf, wedelt ein bisschen mit der Hand zur Oma hin, was wohl »bis nachher« bedeuten soll, und geht zu Schorsch, der vier Stühle weiter in einen Monolog mit seinem Käsekuchen vertieft ist, sich aber offenbar gern auf einen Dialog mit Ludwig einlässt.

Hemdkrägen und Redensarten werden gelockert. Die Lehrer verschwinden. Die Weinflaschen erscheinen. Der genüssliche Teil beginnt. Alle schwätzen und reden und erzählen. Die Oma mittendrin, hört zu und hat ein Auge auf Ludwig, der sich mit dem Schorsch festgequatscht hat.

Auf einmal steht er wieder vor ihr, der Ludwig.
»Ich möchte mich verabschieden«, sagt er.
»Wie, du gehst schon? Aber warum denn?« Die Oma hält ihn sacht am Ärmel fest. »Du bist doch erst gekommen, Ludu!«
»Ich hab nachgedacht über das, was du gesagt hast, Juliane. Ich fahr nach Hause, Fahrrad reparieren. Du hast recht. Vielleicht kann ich was machen mit ihm. Also, bis zum nächsten Mal. Danke.«
»Na denn, bis zum nächsten Mal. Alles Gute«, sagt die Oma.
Sie setzt sich wieder an ihren Platz, gießt sich noch einen Kaffee ein und pickt ein paar Kuchenkrümel von ihrem Teller. Schade, dass er schon geht, der Ludwig, denkt sie. Was hab ich denn da für einen Treffer gelandet.

»Wo issen der Ludwig hin?«, fragt Schorsch mit einem Weinglas in der Hand und setzt sich ihr gegenüber. »Er war doch eben noch da.«
»Ist nach Hause.«

»Wieso? Muss er was machen?«

»Ja«, sagt die Oma und lächelt ein bisschen, »ich glaube, er muss was *paparieren*.«

Die Wimper

Perlen, Papier, Worte, Gedanken – für Hanna ist alles zum Basteln da. Ihre flinken Fingerchen zaubern im Handumdrehen aus Perlen und Papier eine Prinzessindecke, und ihre flinken Gedankchen bringen hast du nicht gesehen etwas Zauberhaftes hervor: »Mir ist heiß, ich schwitze wie eine Kokosnuss.« Einiges, was Hanna neuerdings äußert, stammt aus dem Kindergarten, die Oma weiß das natürlich, hat aber trotzdem ihr Vergnügen daran und unterlässt es, solche Formulierungen zu hinterfragen. »Ich schwitze wie eine Kokosnuss« kann jedoch durchaus eine von Hannas Eigenschöpfungen sein wie zum Beispiel »Krawallrübe«. Das war eine Zeitlang ihr Lieblingsschimpfwort.

Vor einigen Wochen haben sie sich über das Leben im Allgemeinen und im Speziellen unterhalten, Hanna und die Oma, dabei hat Hanna gesagt: »Ich bin so alt«, und vier Fingerchen ausgestreckt. »Wie alt bist du?«

»Achtundsechzig.«

»Menno, kannst du nicht eine andere Zahl nehmen?«

»Nein, kann ich nicht – in dem Fall.«

»Ist das alt?«

»Ziemlich.«

»Dann musst du ja bald zu Gott fliegen.«

»Mhmm, ja, mhmm ...«

»Ich meine, wenn du gaaanz alt bist.«

»Ja, dann fliege ich zu Gott.«

Jahrzehntelang hat die Oma nicht gewusst, was sie tun soll, wenn sie gaaanz alt ist.

Jetzt weiß sie es.

Als Hanna einen Nachmittag allein bei der Oma verbringen darf, steht nach zwei Stunden eine Runde Aufräumen an. Ist notwendig in einer kleinen Wohnung, sonst gibt's keinen Platz für neues Spielen.

»Sei so lieb und hol mal das Puppengeschirr unter dem Tisch vor, Hannchen«, sagt die Oma.

»Nein.«

»Ach, bitte.«

»Nö.«

»Hanna, du hast es dahingeworfen.«

»Neien.«

»Du weißt, mir mit meinen alten Knochen fällt das Bücken schwer, du hast doch noch junge Knochen.«

»Aber Oma! Ich hab doch keine Jungenknochen. Ich hab doch Mädchenknochen.«
Die Oma lacht. »Und, kannst du dich mit deinen Mädchenknochen bücken?«
»Na gut.«

Kurz danach, während sie Omas großen Teddybär verbinden, weil er Bauchweh hat, erklärt Hanna, wenn sie groß ist, wolle sie auch Mama werden.
»Das ist fein.« – Pause ...

»Willst du denn auch mal Oma werden?«
»Nein.«
»Ooh, möchtest du mir sagen, warum nicht?«
»Nein.«

»Aber du hast eine Idee, warum du das nicht werden möchtest.«

»Ja.«

»Erzählen möchtest du es nicht.«

»Nein.«

»Also, ich finde Omasein schön«, entgegnet die Oma und verbindet dem Teddy auch noch die Knie, die er sich wieder einmal beim Rollerfahren aufgeschlagen hat.

Hanna schweigt.

Und der Oma geht durch den Sinn: Das war jetzt nicht sehr clever, was ich gesagt habe. Wenn ich vier Jahre alt wäre und meine Großmutter würde mir was von alten Knochen erzählen, hätte ich auch keine Lust, eine zu werden. Ich hätte Hanna was ganz anderes fragen sollen, tadelt sie sich. Statt mein Ego zu pinseln, hätte ich sie fragen sollen, wie viele Kinder sie haben möchte. Nur Mädchen oder nur Jungen oder gemischt. Und wie sie heißen sollen. Oder wer der Papa sein soll. Irgendsowas. Aber nicht, ob sie Oma werden möchte. Manchmal bin ich doch eine richtige Krawallrübe.

Hanna und Gustav, ihr kleiner Bruder, werden gesund ernährt, nicht dogmatisch, aber vernünftig gesund. Sie essen viel Obst und Salat, Gemüse nach

Stimmung. Gustav mag zum Beispiel keine Karotten. »Ferd essen«, erklärt er. Basta.

Nun gut, man kann die Kinder nicht zwingen, aber wo immer es geht, in irgendeine Soße oder Suppe, wird doch Gemüse hineingeschmuggelt.

Was sie jedoch gar nicht mögen – das ist Fisch. Kommt nicht in Frage, kommt nicht auf den Tisch. Fischstäbchen sind was anderes. Die essen sie. Das ist ja auch kein Fisch, sondern das sind Stäbchen.

»Übrigens, große Neuheit«, berichtet die Mama der Kinder eines Tages, »Hanna isst jetzt auch Lachs. Sie mag ihn. Wir haben ihr nicht gesagt, es ist ein Fisch, sondern einfach, es ist ein Lachs. Das hat sie akzeptiert – noch.«

»Wunderbar«, antwortet die Oma, »soll ich übermorgen ein Stück Räucherlachs mitbringen, wenn ich zum Abendessen und Babysitten komme? Ich könnte es auf dem Markt holen.«

»O ja! Gern.«

Nun sitzen sie am Abendbrottisch und die Oma darf Hanna ein Stück vom Lachs auf den Teller legen. Sie prüft den Fisch sorgfältig auf Gräten, möchte aber nicht die Brille aufsetzen, weil das zu vielerlei Hannafragen Anlass böte, sondern sagt mit einem Augenzwinkern zu ihrer Tochter: »Victoria, schau doch du mal bitte, ob die Stücke klein genug sind.«

In solchen Dingen sind sie ein eingespieltes Team. Victoria untersucht den Lachs auch noch einmal auf Gräten, sagt: »Ja, alles klein genug«, und schiebt Hanna den Teller hin. »Lass es dir schmecken, mein Kind.«

Gustav isst ein Wurstbrot. Dem braucht man Lachs gar nicht erst anzubieten.

Nachdem alle satt sind, fragt Hanna: »Mama, hat ein Lachs eigentlich Wimpern?«

»Wimpern? Wieso? Was meinst du? Nein, ein Lachs hat keine Wimpern. Weshalb fragst du das?«

»Ich hab vorhin auf was Piksiges gebissen und hab gedacht, das wär eine Wimper von dem Lachs.«

»Auf was Piksiges?«

»Ja.«

»Und was hast du damit gemacht?«, fragt die Oma.

»Runtergeschluckt.«

Die Oma und die Mama schauen sich wortlos, aber mit schreckgeweiteten Augen an: eine Wimper. Trotz intensiver Prüfung, trotz doppelter Untersuchung.

»Ach, ich hatte auch so ein Stück Lachs, das war ein bisschen fest«, sagt die Mama leichthin. »Weißt du, Hanna, wenn du mal was Piksiges im Mund spürst, spuck es sofort aus. Da musst du mich gar nicht erst fragen. Gleich raus damit, ja?«
»Ja.«

Lachs mit Wimper. Bei der Erinnerung daran wird der Oma auch Wochen später noch heiß.
Dann schwitzt sie wie eine Kokosnuss.

Die Ware

Neuer Gesprächskreis im Stadtviertel, lautet eines sonnigen Morgens im Oktober eine Überschrift im Lokalteil der Zeitung. Die Oma wird neugierig, stellt ihre Kaffeetasse beiseite und liest: *Unter Leitung des Emotions-Coachs Christoph zu Horch hat im Stadtviertel ein neuer Gesprächskreis begonnen. Er wendet sich an Bürgerinnen und Bürger ab 25 Jahren, die innovative Kontakt- und Gesprächsmöglichkeiten suchen, und die bereit sind, sich auch einmal schwierigeren Themen des Gefühlslebens zu stellen. Der Gesprächskreis trifft sich jeden Dienstag von 19.00 bis 21.30 Uhr im roten Lesezimmer der städtischen Bücherei. – Die Zahl der Teilnehmer ist auf zwölf begrenzt; es sind noch Plätze frei. Wer die Treffen erst einmal kennenlernen möchte, kann ein Mal unentgeltlich als Gast teilnehmen. Anmeldung ist jedoch in jedem Fall erforderlich.*
Initiatoren des Gesprächskreises, der sich »Die Leicht-Sinnigen e.V.« nennt, sind der 47-jährige Emotions-Coach Christoph zu Horch, der die Treffen moderiert,

und der 69-jährige Reflexions-Therapeut Dipl.-Denk. Mathias Weisgut. Er ist für das Organisatorische zuständig und erteilt nähere Auskünfte. Zu erreichen ist er montags bis freitags von 9 bis 13 Uhr sowie donnerstags von 15 bis 18 Uhr unter der Telefonnummer 005006007.

Die Oma, an diesem Tag beschwingt von der milden Oktobersonne und außerdem stets interessiert an guten gehaltvollen Gesprächen, von denen es ja nur wenige gibt, beschließt sofort, als Gast an einem solchen Treffen teilzunehmen, wählt die genannte Telefonnummer und meldet sich bei Dipl.-Denk. Weisgut an. »Städtische Bücherei – passt wunderbar«, sagt sie sich. »Befindet sich bei mir um die Ecke. Kann ich zu Fuß hingehen.«

Am folgenden Dienstag wird sie im roten Lesezimmer von den bereits Anwesenden freundlich aufgenommen, stellt sich kurz vor und sucht sich an dem großen ovalen Tisch in der Mitte des Raums einen Platz.

Christoph zu Horch beginnt mit der Begrüßung und erklärt der Oma, man spreche sich hier mit Vornamen und mit Sie an, man lasse sich ausreden, und die Dinge, die hier zur Sprache kämen, würden absolut vertraulich behandelt.

Anschließend gibt es die übliche Blitzlichtrunde, in der jeder Teilnehmer kurz seine derzeitige Befindlichkeit schildert.
Eine Frau, etwa Ende vierzig, schüttelt den Kopf, als sie an die Reihe kommt, und bricht in Tränen aus.
»Sie möchten nichts sagen, Evelyn?«, erkundigt sich zu Horch.
Erneutes Kopfschütteln.

Nachdem die Blitzlichtrunde beendet ist, fragt zu Horch, ob jemand ein Thema habe, über das er sprechen wolle.
Evelyn hebt die Hand.
»Ja, Evelyn«, sagt zu Horch, »Sie haben ein Thema?«
»Wut.«
»Mut?«
»Nein: Wut.«
»Aah: Wut. Gut. Wut ist gut«, sagt er. »Möchten Sie gleich etwas dazu sagen?«
»Ja«, antwortet Evelyn, mit tränenerstickter Stimme, »es ist nämlich so: Ich habe ja da immer Probleme mit ... also ich habe da ... also es verhält sich nämlich so ... ich habe mich furchtbar geärgert, weil

ich habe das Gefühl, dass immer ich diejenige bin, die ... ich weiß, es geht anderen ja auch so, aber ich meine halt, immer bin ich diejenige, die ... in anderem Zusammenhang ist mir das auch schon ... ich nehme an, das gehört jetzt wirklich nicht in diesen Gesprächskreis, aber ich muss es hier einfach loswerden: Also ich habe mit einer Firma einen Kaufvertrag abgeschlossen. Aber ich habe die Ware nur zur Hälfte bekommen. Das hat mich furchtbar geärgert. Ich meine, eine Firma, mit der man einen Kaufvertrag abschließt, muss doch dafür sorgen, dass man auch alles ordnungsgemäß erhält. Ich verstehe das nicht. Ich hab doch auch alles ordnungsgemäß und komplett bezahlt. Ich bin wirklich sehr aufgebracht ...

Es ist nämlich so, dass es sich bei der Ware um ein Tier handelt ...

Ich habe ja immer noch Trauerarbeit zu leisten für meinen alten Hund, der vor sechs Wochen gestorben ist, ach nein, es sind ja schon sieben ... nein, acht Wochen sind es, seit er ... da bin ich ja püchisch noch stark angeknackst und wohl erst in der dritten Phase der Trauerarbeit.

Aber der neue Hund, also dem neuen Hund, das heißt, der neue Hund ist ja auch schon älter, also dem Hund fehlen ja unten alle Zähne ... Außerdem hinkt er. Und hören tut er auch nicht mehr gut. Ich meine, der Hund kann ja nichts dafür, und er tut mir auch leid und er kann bei mir ja auch seinen Gnadentod fressen ... aber das hat mich alles furchtbar aufgeregt. Wo ich eh so Schwierigkeiten habe mit meiner Wut. Mit meinen Emotonien überhaupt. Und erst recht mit meinen Gefühlen. Wie kann das Tierheim mir nur einen halben Hund liefern. Ich bin richtig aggressiv, aber ich spür es nicht. Ich kann die Wut einfach nicht rauslassen.

Natürlich habe ich mir das Tier vorher angesehen. Aber da habe ich nichts gesehen. Ich hab's erst zu Hause gesehen, dass unten alle Zähne ... Aber da war's zu spät. Und jetzt kann ich ihn doch nicht einfach wieder zurückgeben, den Hund. Was denkt er denn da von mir.

Ich hatte schon immer Probleme damit ... meine Gefühle ... also ich bin so wütend. So wütend bin ich. Wenn ich nur nicht so Probleme damit hätte ... Ich mein, weil ich immer so Probleme hatte mit meiner Wut, habe ich das ja auch mal gelernt und zu meinem Beruf gemacht. Aber jetzt, in dieser Situation hilft mir das alles nichts. Überhaupt nichts. Ich bin nur noch komprimiert.«

Sie schweigt.

»Ääh, ja, danke, Evelyn«, sagt zu Horch. »Möchte jemand was dazu sagen?«
Nein, niemand möchte etwas dazu sagen.
Alle sind erschüttert und müssen sich an der Tischkante festhalten.

Und so spricht zu Horch allein.
Evelyn beruhigt sich.

Die Oma kann sich nicht mehr konzentrieren. Und sagen kann sie auch nichts. Zu sehr ist sie damit beschäftigt, die Zähne zusammenzubeißen und ihren Lachkoller zu bändigen.

Was geht ihr durch den Kopf? Armesch Luder, dasch, geht ihr durch den Kopf. Lässt sich einen halben Hund andrehen. Lässt sich aus lauter Tierliebe einen halben Hund andrehen. Und ist dann so verdreht, dass sie nur noch in halben Sätzen sprechen kann.
Und in dem Moment, in dem der Oma »armesch Luder« durch den Kopf geht, erwacht in ihr ein tiefes Mitgefühl. Trotz Lachkoller ein tiefes Gefühl für menschliches Leiden und alles Leid in der Welt. Ein ganz bestimmtes Gefühl. Ihr Schischyphusch-Gefühl.

Kennt noch irgendjemand die »Schischyphusch«-Geschichte von Wolfgang Borchert? Kennt überhaupt noch jemand Wolfgang Borchert? Den Nachkriegsschriftsteller? Den früh verstorbenen Dichter? Den Autor von »Draußen vor der Tür«? Kennt ihn noch jemand? Ja? Nein?

Die Oma kennt ihn und liebt ihn und seine Kurzgeschichten. Vor allem natürlich die, die »Schyschiphusch oder Der Kellner meines Onkels« heißt und in der ein Sprach- bzw. ein Zungenfehler die Hauptrolle spielt und aus einem einfachen S immer ein Sch macht.

Als die Oma im Alter von vierzehn Jahren diese Geschichte zum ersten Mal liest, muss sie lachen. Zu Anfang. Nach einer Weile muss sie weinen. Auch weil sie sich schämt, über das Gebrechen eines Menschen gelacht zu haben. Schließlich weiß sie nicht mehr, ob die Tränen, die ihr über die Wangen fließen, aus der Lachquelle oder aus der Weinquelle stammen.

Erst viele Jahre später versteht die Oma, dass genau dies das Leben ausmacht: lachen *und* weinen. Die einfache Ambivalenz. Leben ist immer und. Nicht oder. Also das wirkliche Leben. Und sie versteht, dass ein Schriftsteller, der die Leser zum Lachen *und* Weinen gleichzeitig bringen kann, eine große Kunst beherrscht.

Nun sitzt die Oma aber im neuen Gesprächskreis, hört der Evelyn zu und stellt fest, dass ihr die einfache Ambivalenz als Kloß im Halse steckt. – Was tun? Mit Gelächter herausplatzen geht nicht. Sich bei den anderen Gesprächsteilnehmern eine Anregung zum Managen der Situation holen, geht nicht. Die kämpfen nämlich ebenfalls gegen das Lachen an, wie wahrzunehmen ist. Und weinen geht auch nicht. Ist noch nicht reif genug. Obwohl das Ganze fast zum Heulen ist.

Also Selbsthilfe, denkt die Oma. Setzt sich aufrecht hin, konzentriert sich auf ihre Atmung und trainiert ihre Beckenbodenmuskulatur. Abwechselnd anspannen – uuund lockerlassen. Anspannen – uuund lockerlassen. Zehnmal hintereinander. Dann hat sie ihre Fassung wieder.

Armesch Luder, dasch, denkt die Oma aufs Neue, während zu Horch redet. Aber welche Kunst, welche Lebenskunst beherrscht diese Evelyn trotzdem: Trauert noch um ihren toten Hund und sucht sich in einem Tierheim schon wieder einen neuen, um den sie sich kümmern kann. Und als sie feststellt, dass man ihr ein krankes Tier verkauft hat, bringt sie es nicht empört zurück, was viele andere getan hätten, sondern behält es. Sucht sich sogar ein Forum, das sie an ihrem Schmerz teilhaben lässt. Versucht also nicht, mit Trauer und Wut allein fertig zu werden. Obwohl sie schon immer so viele Probleme mit der Wut und ihren Gefühlen hat. Oder vielleicht weil sie so viele Probleme damit hat.

Zu Horch biegt therapeutisch in die Zielgerade ein: »Wir können den Weltengeist, den lieben Gott, das Universum oder wen auch immer bitten, uns vor Schmerz und Leid zu bewahren. Das ist eine Möglichkeit. Wir können den Weltengeist, den lieben Gott, das Universum oder wen auch immer bitten, uns, so wir denn Schmerz und Leid ertragen müssen, die Kraft zu geben, das durchzustehen. Das ist die zweite Möglichkeit. Es gibt aber auch noch eine dritte.« Er schaut kurz in die Runde, fährt jedoch gleich selbst fort: »Die dritte Möglichkeit ist die, in uns selbst hineinzuhorchen und unsere eigenen Kräfte zu mobilisieren. Zum Beispiel die Kräfte der Vernunft oder des Verstandes, um uns vor

Schmerz und Leid zu bewahren. Beziehungsweise um Schmerz und Leid, wenn sie uns widerfahren, mit Anstand und Würde durchzustehen. Die eigenen Kräfte der Vernunft und des Verstandes mobilisieren, das also ist die dritte Möglichkeit.«

Er schweigt.
Evelyn schweigt.
Alle anderen auch.

Nur die Oma nicht. »Es gibt noch eine vierte Möglichkeit«, sagt sie.
Zu Horch zieht die Augenbrauen hoch.
»Die wäre?«, fragt er.
»Beides«, erwidert die Oma. »Man kann doch beides: Ein spirituelles Wesen um Hilfe bitten *und* die eigenen Kräfte mobilisieren.«

Stille.

Zu Horch räuspert sich. »Tja, also, da hätten wir die drei Möglichkeiten, die ich genannt habe, und nun als Vorschlag auch noch eine vierte. Wie sehen das die anderen?«

Die anderen schweigen.

»Ich find das gut, diese vierte Möglichkeit«, wirft Evelyn auf einmal ein. »Weil, ich brauch, also wenn ich so große Wut habe wie bei dem neuen Hund, eigentlich ist er ja alt, aber neu für mich, da brauch ich ... man muss sich das mal vorstellen, dem Hund fehlen doch unten alle Zähne. Außerdem fängt bei mir jetzt bald die vierte Trauerphase ... Also da brauch ich schon eine spiruelle Unterstützung. Und meine Innenkräfte, die brauch ich auch.«

»Ja, danke, Evelyn«, entgegnet zu Horch. »Wir kommen jetzt zur abschließenden Feedbackrunde. Sie wissen ja schon, wie es geht: Jeder, der mag, sagt einen, höchstens zwei Sätze.«

Am Ausgang verabschiedet zu Horch alle Teilnehmer mit Handschlag. »Möchten Sie denn wiederkommen?«, fragt er die Oma.
»Hm. Ich werde die Wirkung des heutigen Abends abwarten«, antwortet sie, »und mich dann entscheiden.«
»Ich würde mich freuen«, entgegnet er.

»Ich mich auch«, sagt Evelyn, die beim Verlassen des Raums den beiden zugehört hat. »Ich würde mich auch freuen, wenn Sie wiederkommen. Sie haben mir mit Ihrer vierten Dimension vorhin wirklich sehr geholfen. Ich bin ja püchisch noch so inlabil und komprimiert, dass ich jede Dimension als Möglichkeit gebrauchen kann. Ach bitte, kommen Sie doch wieder.«

»Vielleicht«, sagt die Oma. »Vielleicht.«

Langsam tritt sie den Heimweg an, begleitet von ihrem Schyschiphuschgefühl.
Scho ein armesch Hascherl, denkt sie. Kauft sich einen halben Hund und ist danach völlig verdreht, völlig konfus.
Ob ich noch mal hingehen soll in diesen Gesprächskreis? Ob das meinen Emotonien guttut?
Mal schehen ... mal schehen.

Der Satz

Wenn junge Familienmamas ihre Berufsarbeit teilweise wieder aufnehmen möchten oder müssen, die Kinder aber klein sind, keinen geeigneten Krippenplatz bekommen und noch nicht in den Kindergarten gehen, braucht es einiges Organisationsgeschick, um die Betreuung gut und liebevoll zu regeln.

Gustav ist so ein kleines Kind und seine Mama so ein Organisationstalent: Sie hat unter anderem einen Omatag kreiert. Das bedeutet: Dienstagsfrüh um acht bringt sie Gustav zur Oma, fährt danach zu ihrer Arbeit, verbringt dort dreieinhalb Stunden, saust dann zum Kindergarten, holt Hanna ab und fährt mit ihr zur Oma zurück, wo alle zusammen zu Mittag essen.

Was macht die Oma? Sie steht um viertel vor sieben auf, absolviert in Eile ihre Frühgymnastik, ihr Kaffeetrinken, ihr morgendliches Duschen, richtet Spielsachen her, räumt alle abenteuerverdächtigen Utensilien wie Messer, Streichhölzer, Schraubenzieher, Fernbedienungen, Kopfhörer aus Gustavs Sicht- und Griffweite, richtet Papiertaschentücher, Waschläppchen, Windeln, Wickelauflage, Feuchttücher und die »Treppe« – einen kleinen Hocker mit zwei Stufen.

Nachdem Gustav pünktlich um acht Uhr gebracht worden ist, sich von seiner Mama verabschiedet und ein wenig orientiert hat, wartet die Oma ab, womit er sich beschäftigen möchte, wozu er sie auffordert, zum Beispiel: Höhle bauen. Aus zwei Sesseln, die sie mit dem Rücken zueinander stellt, und einigen Decken baut sie eine Höhle, in die er eine Taschenlampe mitnehmen darf. Einige Minuten ist Gustav beschäftigt: reinkrabbeln, rauskrabbeln, rein, raus, rein, raus, Decke hoch, Decke runter, Taschenlampe an, Taschenlampe aus. Bis es uninteressant ist. Danach spielt die Oma mit zwei Handpuppen Theater und bringt ihn zum Lachen; dann gibt sie ihm zu trinken, macht ihm ein Wurstbrot, schält ihm einen Apfel, malt mit ihm, holt die Kiste mit den Autos vom Regal, baut mit ihm aus Bauklötzen und alten Küchenschneidebrettern ein Parkhaus, spielt mit ihm Autowettrennen, bis Gustav das ganze Gebäude zusammenkrachen lässt und vergnügt »Bumm, nochma!« ruft. Sie fängt an, alles wieder aufzubauen ... bis ... »Bumm, nochma!«

Das geht so dreimal, dann überredet sie ihn, sich anziehen zu lassen, um mit ihm rausgehen zu können. Sie zieht ihm Hausschuhe aus, Straßenschuhe an, Jacke an, Mütze auf, spielt mit ihm im Hof Ball, betrachtet mit ihm Käfer und Ameisen, sucht mit ihm Steine und Blätter, schaut mit ihm dem Dachdecker auf dem Haus gegenüber zu, beantwortet Fragen: »Hommt Mann auf Dach wauf?« »Über die Leiter, die steht da auf dem Gerüst.« »Hommt Mann wunter?« »Auch über die Leiter«.

Anschließend geht sie mit Gustav in ihre Wohnung zurück (Straßenschuhe aus, Hausschuhe an, Mütze ab, Jacke aus, Hände waschen), holt in der Küche einen Topf mit Gemüse (das sie schon am Tag zuvor vorbereitet hat) aus dem Kühlschrank, lässt ihn reinschauen, reinriechen, ein Fingerchen reinstecken (»Nur eins, ja?«) und stellt den Topf auf den Herd, nicht ohne streng darauf hinzuweisen, dass der jetzt heiß und gefährlich ist.

Danach lässt sie Gustav aus ihrem Vorratsschrank die Nudeln auswählen, hebt ihn am Küchenspülbecken auf einen Stuhl, damit er mit ihr zusammen das Wasser für die Nudeln in einen Topf laufen lassen kann, lässt ihn Salz ins Wasser geben, zeigt ihm noch die Biowürstchen, die sie auch fürs Mittagessen besorgt hat; hilft ihm, hierfür ebenfalls Wasser in einen Topf laufen zu lassen.

Anschließend zieht sie ihm ein Ersatz-T-Shirt an, weil er beim Wassereinfüllen beide Ärmchen bis zum Ellenbogen in die Töpfe getaucht hat, schafft es bei dieser Gelegenheit, ihn davon zu überzeugen, wie notwendig es ist, die volle Windel gegen eine frische umzutauschen, macht danach im Wohnzimmer auf dem spielzeugbedeckten Boden eine Gasse für die Fußgänger frei, gibt ihm wieder zu trinken, ein paar Knusperstängelchen gegen den »goßen goßen Hunger«, den er angemeldet hat, holt sein Puppenbaby und das zugehörige Bettchen aus dem Regal herbei, damit er noch dreißig Sekunden allein mit etwas spielen möge, während sie den Tisch deckt, hat sich aber geirrt, weil er entscheidet, beim Tischdecken mitzuhelfen zu wollen, gibt ihm Löffel, Gabeln und Becher einzeln in die Hand und beobachtet unauffällig, wie er alles behutsam neben die Teller legt.

Im Lauf des Vormittags hat die Oma natürlich mehrere Male Gustavs Rotznäschen geputzt, seinen Mund abgewischt, den Schnulli gesucht, Späßchen gemacht, mit ihm aus dem Fenster geschaut, ein Lied gesungen und ihn auf den Arm genommen und getröstet, wenn er große Sehnsucht nach seiner Mama hatte.

Um halb eins sind Gemüse, Nudeln und Würstchen fertig bereitet, ist ihre Tochter mit Hanna eingetroffen und sie essen gemeinsam. Dabei kann die Oma ein paar Minuten verschnaufen.

Nach dem Essen macht Gustav in Omas Bett sein Mittagsschläfchen, die anderen spielen, zum Beispiel »Basar«. Hierbei wird der Inhalt aus Omas Wohnzimmerschrank ausgebreitet und verkauft. Hanna ist die Verkäuferin, ihre Mama und die Oma sind die Kunden. Oder sie spielen »Der Kindergarten macht ein Picknick«. Hanna ist die Chefin, sie teilt die Gruppen ein, beauftragt die Erzieherinnen mit diversen Aufgaben und muss ständig für Ruhe und Ordnung sorgen. Vor allem bei den Jungen. Mama und Oma spielen je nach Regieanweisung wechselnde Rollen.

Nachdem Gustav aufgewacht ist und in die Welt zurückgefunden hat, bekommt er wie seine Schwester einen Keks, wird noch einmal gewickelt, und dann ziehen alle – das große Kind und die kleinen Kinder – gegen fünfzehn Uhr wieder von dannen, weil sie am Nachmittag Besuch erwarten, nicht ohne sich bedankt und ein klitzekleines bisschen aufgeräumt zu haben (jedes Kind wenigstens einen Gegenstand).

Die Oma begleitet ihre drei zum Auto, wartet, bis die Kleinen verstaut sind, schickt ihnen zwanzig Luftküsschen und winkt zum Abschied.

Sie steigt die Treppe zu ihrer Wohnung hoch, spürt auf einmal alle ihre Arthroseknochen im Leib, ist total erschöpft, hundemüde und wieder allein. Das heißt, nicht ganz, ein fröhliches Durcheinander leistet ihr Gesellschaft. Das muss sie dann auch noch verabschieden. Danach ist es halb fünf.

So oder so ähnlich ist das an den Omatagen.
Ganz schön anstrengend, aber wunderschön.

Beim letzten Omatag entdeckt Gustav, als beide auf dem Teppich im Wohnzimmer sitzen, in der Kiste mit den Autos den kleinen Hubschrauber, den die Oma im Sonderangebot erstanden hat.
»Hat du für mich hauft?«, fragt Gustav.
»Ja«, antwortet sie, »den hab ich für dich gekauft.«
»Du bist eine liebe Oma«, sagt er, steht auf und gibt ihr einen Kuss.
Das war ja ein ganzer Satz, denkt die Oma, der erste komplette Satz, den ich von ihm gehört habe: Du bist eine liebe Oma.
Sie kann nicht anders, sie drückt ihn an sich und sagt: »Und du bist ein lieber Junge.«

Ein solches Sätzchen, geht ihr durch den Sinn, wiegt doch die Anstrengung von zehn Omatagen auf.

Sachte nimmt sie es und legt es in ihr Satzkäst-
lein. Zu ihren anderen Schmuckstücken, kostbaren
Sächelchen, in denen sie gern ein bisschen kramen
wird, später, wenn sich die Zeiten geändert haben
werden, wenn uneingeschränkte Zuneigung und
kindliche Liebe nur noch Erinnerung sein werden.

Die Bluse

Auf einmal ist sie weg. Einfach weg. Fort. Verschwunden.

Sie, die fünf Sommer lang ihre Begleiterin war, treu und brav, immer zur Stelle.

Sie, die nie enttäuscht hat, die Zuverlässigkeit in Person, verschwindet einfach. Ohne irgendein Anzeichen, ein Unzeichen oder ein Loch im Ärmel.

Das gibt es nicht. Das kann's nicht geben ... Sie kann doch nicht einfach so ... Dabei war es doch ihre Lieblingsblu...

Offensichtlich kann sie doch. Sich unsichtbar machen. Oder sich in Luft auflösen.

Die Bluse ist fort und die Oma sucht. Sie sucht und sucht. Sie sucht nervös. Sie sucht hektisch. Zwei Tage lang.

Am zweiten sogar nachts um zwei.

Die Bluse taucht nicht auf.

Um halb drei in der Nacht wird die Oma sauer – und geht methodisch vor:

Kleiderschrank, bei den hellen Blusen – nichts.

Kleiderschrank, bei den dunklen Blusen – nichts.

Kleiderschrank, bei der ... aber da kann sie doch gar nicht sein, wer legt denn eine schwarzweiß gesprenkelte Sommerbluse zur Nachtwäsche ...

... also: Kleiderschrank, bei der Nachtwäsche: eine alte Brieftasche mit fünfzig Schweizer Franken.

Oha!

Wie kommt die jetzt ... wer hat denn ... wann war ich denn in der Schweiz?, denkt die Oma.

Oha. Das ist aber schon einige Jahre ... Das war vor der Bluse ... oder?

Verdammt noch mal. Es muss doch möglich sein, diese Sommerbluse zu finden. Ich hab sie noch jedes Jahr gehabt, fünf Sommer lang, und im Oktober dann eingewintert. In der Oma grummelt es: in meinem alten Schrank eingewintert. Und im Mai habe ich sie ausgewintert.

Vor ein paar Wochen habe ich sie noch getragen. Schließlich ist es meine Lieblingsbluse. Aber jetzt ist Oktober, Sommerklamotteneinwinterungstermin – und sie ist verschwunden. Alle anderen Sache sind da ...

Halb vier: Hab ich sie vielleicht doch schon in den alten Schrank gehängt?, überlegt die Oma. Womöglich aus Versehen zu den Klamotten für die Kleidersammlung?

Sie sucht und findet bei den Klamotten: ein braunes Kleid, eine abgewetzte Jeans, einen karierten Rock, zwei bleiche T-Shirts, eine Kinderstrumpfhose, ein Herrenjackett, einen Gummistiefel. Aber keine schwarzweiß gesprenkelte Bluse.

Warum hab ich überhaupt den Gummistiefel wieder mit nach Hause genommen?, fragt sich die Oma, hätte ihn doch dem andern hinterher in die Nordsee werfen können. Was fängt man denn mit einem Gummistiefel an? Manchmal mach ich wirklich blöde Sachen.

Hat wohl mit dem Älterwerden zu tun. Wo ist die Bluse?

Vier Uhr: Die Oma geht schlafen.

Acht Uhr: Die Oma steht auf.

Neun Uhr: Die Oma tauscht auf der Bank die fünfzig Schweizer Franken um.

Zehn Uhr: Die Oma kommt mit einer neuen Bluse nach Hause.

Zehn Uhr fünfzehn: Die Oma öffnet den Kleiderschrank, um die neue Bluse reinzu ...

da ... da ...

... da hängt sie, die gesprenkelte.

Gleich vorne. Freundlich lächelnd hängt sie auf einem Kleiderbügel und gibt keinen Ton von sich. Wie jetzt ...? Wo war sie? Wo kommt sie her? Wieso war sie verschwunden?

Dreizehn Uhr: Die Oma tauscht die neue Bluse um und lässt sich das Geld zurückgeben.
Vierzehn Uhr: Die Oma steckt das Geld in die alte Brieftasche und schiebt sie unter die Nachtwäsche. Könnte ja sein, dass sie wieder mal was sucht.

Der Schub

Im Herbst kriegen manche Menschen Melancholie, die Oma kriegt die Poesie, lyristische Schübe.

Als vor einiger Zeit der erste Schub auftauchte, wollte sie es nicht wahrhaben: »Ich fang doch auf meine alten Tage nicht an zu dichten, nur weil Herbst ist«, sagte sie. »Wär ja noch schöner. Wird schon wieder vorbeigehen.«

Tat er auch.

Im Jahr darauf jedoch war der Drang im November so stark, dass sie ihm irgendwann erlag. Heraus kam folgender Text:

Herbst-Elf

kalt nass
düster grau
neblig trüb
trist dunkel
lang kurz:
Doofember

Na ja, dachte sie, man kann sich den Herbst auch mit Dümmerem vertreiben.

Und ein Jahr später, beim zweiten Schub, entstanden folgende Zeilen:

Wohin, worein?

Wenn's Lachen fast am Ende scheint,
stattdessen viel Remember,
und wenn der Baum die Blätter weint,
dann, Leute, ist November.

Man möchte sich verkriechen, doch
weiß man nicht: wohin? worein?
In einem kleinen Mäuseloch
wird's auch November sein.

Danach war Schluss mit dichten. Ein lyristischer Schub stellt sich zwar regelmäßig ein, so am achten, neunten Oktober beginnt er und dauert bis Totensonntag, aber die Oma gibt ihm nicht mehr nach. Sie ist da etwas zögerlich geworden.

Was könnte denn auch ihrem Erstling und ihrem Zweitling an Qualität und Schlichtheit folgen, denkt sie insgeheim: Lieber verzichten als mich verdichten.

Die Kuh

Vor Feiertagen müssen Familienmamas Großeinkauf machen, und da ist es gut, wenn sie jemanden fragen können: »Hättest du eventuell Zeit, am Donnerstagnachmittag auf die Kinder aufzupassen, zwei Stunden, etwa von drei bis fünf? Das heißt, eigentlich ab halb drei? Ihr könnt auch rausgehen. Ich fahr dann um drei los und bin spätestens um fünf zurück. Das wäre mir eine große Hilfe.«

Vier Tage vor Weihnachten wird die Oma gefragt und sie sagt, sie habe Zeit, wolle aber nicht mit den Kindern auf den Spielplatz gehen, das sei ihr nicht so recht. (In Wirklichkeit hat sie einfach Angst, es könnte ihnen was passieren. Außerdem regnet es und es wird früh dunkel.)

Donnerstag um halb drei steht sie auf der Matte, stürmisch von Gustav und Hanna begrüßt. »Hallo, ihr beiden, lasst mich erst mal meine Stiefel aus- und die Hausschuhe anziehen, bevor ihr mich umwerft.«

Die Mama der Kinder flitzt in der Wohnung herum, sucht EinkaufszettelGeldbeutelBrilleSchlüsselHandschuheundsoweiter, hat endlich alles beisammen, sagt: »Tschüs, bis später«, da fängt Gustav an zu weinen. Er will mit. Er ist ja noch klein, und es ist ihm heute nicht recht, dass seine Mama ohne ihn einkaufen möchte.

Die Oma zögert. Die Mama zögert. »Hör mal, Gustav«, sagt sie, »ich komm doch bald wieder. Ich beeile mich auch und bring dir was mit. Was möchtest du denn haben?«
Gustav weint.
Die Mama schaut zur Oma. Die zögert noch immer. Schließlich ist das Kinderhüten mit einem weinenden Gustav kein Vergnügen, denkt sie. Da wird ihr ein flehentlicher Blick aus mütterlich-töchterlichen Augen zugeworfen ...
»Gustav, weißt du was«, ruft die Oma und schnappt sich den kleinen Kerl, »wir drei spielen jetzt Verstecken. Du darfst zuerst. Hanna und ich suchen dich.«
O Wunder, es wirkt.

Gustav schickt der Mama noch einen Schluchzer hinterher, lässt sie aber ziehen und versteckt sich hinter dem großen Sessel im Esszimmer.

Hanna und Oma gehen zum »Anschlag« in den Flur, zählen bis zwanzig, rufen: »Wir kommen!«, und fangen an zu suchen. Hanna flüstert der Oma ins Ohr: »Wir tun nur so, als ob wir ihn suchen, ja? Er versteckt sich doch immer hinter dem großen Sessel.«

Nun spielen sie eine halbe Stunde Verstecken, dann wird es langweilig und sie spielen »Zug«. Dazu muss man alle Stühle von Küche und Esszimmer auf den Fliesen zusammenschieben, in zwei Reihen, man muss sich aus Papas Zettelblock Fahrscheine und Geldscheine machen, muss sich auf die Stühle setzen und mit dem Popo wackeln, wenn der Zug einen Berg hinunterfährt.
Der Fahrscheinkontrolleur Hanna kommt vorbei, der Getränke- und Süßigkeitenverkäufer Gustav schlängelt sich durchs Abteil, und dann macht der Zugführer Oma eine Durchsage: »Verehrte Fahrgäste, wir müssen leider anhalten, weil Kühe auf den Gleisen stehen. Wir sagen Ihnen Bescheid, wenn das Hindernis beseitigt ist und wir unsere Fahrt fortsetzen können.«

Hanna schaut die Oma lange nachdenklich an.
O je, denkt die, hab ich das Kind irgendwie verwirrt?

Aber da hat Hanna schon Giraffen auf die Gleise gestellt, Zebras und Krokodile, Gustav stellt Pingugine drauf, Ferde, Hh-amele und Sßiegen.
Jedenfalls kann der Zug nicht mehr weiterfahren und die Fahrgäste steigen aus.

»Oma«, sagt Hanna, nachdem sie den Zug verlassen hat, »du, beim Papa auf der Arbeit, da steht immer eine Kuh auf dem Eis, die muss er immer runterkriegen.«
»Was du nicht sagst«, erwidert die Oma, setzt sich schnell auf die Fliesen, ruft: »Ich bin die Kuh auf dem Eis, und ihr müsst mich runterkriegen.«

Begeistert schieben die Kinder die Kuh herum, bis alle drei ermattet liegen bleiben und die Oma ihr Zwerchfell einigermaßen unter Kontrolle hat. Sie beschließt, ihrem Hannamädchen bei nächstbester Gelegenheit zu erzählen, dass Die-Kuh-vom-Eis-Kriegen eine Redensart ist. Dass man das nur so sagt, aber nicht wirklich macht. Auf den Fliesen sitzend und mit einem Lachanfall kämpfend hat sie es einfach nicht geschafft.

Um fünf ruft die Mama der Kinder an und sagt: »Sorry, es wird etwas später, ich stehe im Stau.«

»Ja, ja, nur langsam«, antwortet die Oma, »das hab ich schon einkalkuliert, vier Tage vor Heiligabend. Hier ist alles in Ordnung.«

Gustav und Hanna spielen jetzt »Der Nikolaus hat die Stiefel gefüllt«.

Hanna stellt einen Hausschuh in eine Ecke ihres Zimmers, packt mit ihrem Bruder einige Spielsachen drauf und instruiert die Oma: »Jetzt wär Morgen und du wärst aufgestanden und du tätst in den Stiefel vor der Tür gucken und dann tätst du sagen: ›Ooh, hat mir da der Nikolaus was in meinen Stiefel getan‹, und dann tätst du alles auspacken und dann tätst du sagen: ›Ach, wie schön.‹«

Brav befolgt die Oma die Regieanweisung und freut sich: »Ooh, hat mir da der Nikolaus was in meinen Stiefel getan, ach, wie schön, Äpfel und Orangen und Nüsse ...«

»Nein! Omaa! Äpfel sind nicht dabei. Orangen auch nicht. Nur Nüsse und Schokolade und Spielsachen.«

»Äffel nich bei«, echot Gustav.

»Entschuldigung, ihr beiden, hab ich durcheinandergebracht. Beim nächsten Mal pass ich besser auf.«

Bloß nicht wieder eine Kuh, denkt sie, das halte ich nicht noch mal aus.

Während Hanna und Gustav das Nikolausarrangement neu herrichten, wird die Wohnungstür aufgeschlossen und hinter Klappkisten und Einkaufstaschen taucht die Mama auf, außer Atem, aber erleichtert.

»Jetzt hab ich alles, was ich an Weihnachten brauche«, sagt sie schnaufend und begrüßt ihre Kinder.

»Bauch auch was«, erklärt Gustav.

»So, was denn?«, fragt seine Mama.

»Hattu was mittebacht?«

»Hab ich doch versprochen«, antwortet sie und gibt jedem einen Schokoladen-Weihnachtsmann.

Um sieben Uhr abends ist die Oma zu Hause. Ziemlich lange zwei Stunden waren das bei den Kindern, denkt sie, als sie sich erschöpft auf die Couch legt und warm zudeckt.

»Oma, du, beim Papa auf der Arbeit, da steht immer eine Kuh auf dem Eis ...«, kommt ihr wieder in den Sinn ... jetzt endlich kann sie darüber lachen.

Nach einer Weile überlegt sie jedoch: Du meine Güte, was stellt sich denn das nachdenkliche Hannamädchen eigentlich unter »Eis« vor? Was kann sie sich denn schon vorstellen?

Einen zugefrorenen See? Hat sie schon mal einen gesehen? Oder ein Eis? Ein Eis in der Waffel? Etwa ein Erdbeereis? Und obendrauf die Kuh?

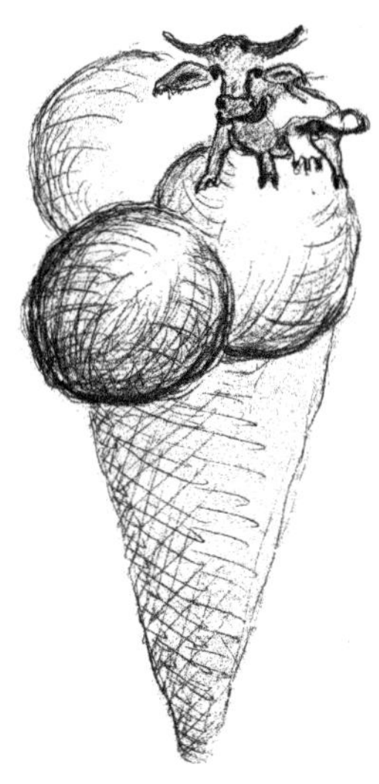

Ich hätte es ihr doch gleich erklären sollen, denkt
die Oma, es war nicht richtig, nichts zu sagen ...
Erdbeereis mit Kuh obendrauf ... das geht doch
nicht ... ich muss es ihr unbedingt ...
Chchchch ..., da ist sie eingeschlafen, die Oma.

Die Stückchen

Es ist Winter, eisig kalt, der Schnee liegt dreißig Zentimeter hoch auf den Straßen, einen Meter hoch in den Parkbuchten, daher lässt die Oma das Auto in der Garage und macht sich am Nachmittag, als die Sonne scheint, zu Fuß zur Poststelle auf, wo sie einen Brief aufgeben muss. Eingemummelt geht sie los, übergibt der schwarzhaarigen Unfreundlichkeit am Schalter ihren Brief und tritt den Heimweg an. Halbe Stunde Hinweg, halbe Stunde Rückweg, denkt die Oma, hab ich doch gleich meinen Spaziergang für heute gemacht. Um sich für ihre sportliche Entscheidung zu belohnen und damit sie es nachher schön gemütlich zu Hause hat, kauft sie sich unterwegs in der Bäckerei zwei Stückchen, blätterteigartige zarte Gebilde mit Puderzucker und Streusel. Eins für gleich, entscheidet sie, eins für heute Abend. Die Tüte klemmt sie sich unter den linken Arm.

Die kalte Winterluft und die Bewegung tun der Oma gut und sie beschließt, auf ihrem Heimweg durch den kleinen Park zu gehen. Wie schön, hier rodeln ja Kinder, denkt sie und hört auch schon »Mama! Mama!« rufen. »Maama. Maama!« Sie schaut in Richtung der Rufe, irgendjemand winkt ihr heftig zu. »Maama!«

Ach, da ist ja mein Kind, stellt die Oma fest, mein Kind mit seinen Kindern. Sie winkt zurück und geht über eine schneebedeckte große Wiese auf die kleine Gruppe zu. Gustav stapft ihr entgegen und reibt sein kaltes Näschen an ihrem Gesicht.
»Hallo, hallo, alle zusammen«, sagt sie. »Seid ihr schon lang hier?«
»Sicher schon eine Stunde«, antwortet ihre Tochter. Hanna zeigt der Oma sofort, wie sie den Berg runterrodeln kann, sogar mit bremsen. Sie ist fast fünf und darf allein rodeln. Gustav ist noch nicht drei und darf das nur mit der Mama.

»Issen da dinn?«, fragt Gustav, der sich mittlerweile auf seinen Schlitten gesetzt hat, und deutet auf die Tüte unter Omas Arm.
»Kuchen.«
»Daaf ich ma weinschauen?«, fragt er.
»Na klar«, sagt die Oma und hält die Tüte auf.
»Kann ich ein Dückchen haben?«

Die Oma schaut zu ihrer Tochter, als die nickt, bricht sie für Gustav ein Dückchen ab und gibt es ihm.

»Mhmm, lecka«, sagt er.

Hanna hat das Rodeln unterbrochen, setzt sich neben Gustav und kriegt natürlich auch ein Stück.

»Mhmm, lecker«, sagt sie, »hast du den Kuchen für uns gekauft, Oma?«

»Nein, für mich, ich wusste doch gar nicht, dass ich euch treffen würde. Möchtest du auch ein Dückchen?«, fragt die Oma ihre Tochter, aber die möchte nicht.

»Noch ein Dück haben?«, fragt Gustav.

»Selbstverständlich, du auch, Hanna?«

»Ja.«

»Ooh, hier sind nur Streusel, aber da kommt das Unterteil. Sekunde, Gustav, du kriegst auch gleich wieder eins.«

Häppchenweise schiebt die Oma kleine Stückchenstücke in die aufgesperrten Schnäbel, gelegentlich sich selbst eins zwischen die Zähne und fragt amüsiert ihre Tochter: »Sag mal, mein Kind, hast du deinen Kindern heute schon irgendwas zu essen gegeben?«

»Sieht so aus, als ob nicht«, antwortet die und lacht.

Tüte leer, Finger klamm, Füße kalt, Sonne weg, Zeit, nach Hause zu gehen.

Die Oma begleitet Tochter und Enkel zum Auto und winkt zum Abschied hinterher.

Dann tritt sie auch den Heimweg an.

Erst gegen Mitternacht fällt ihr ein, dass sie sich eigentlich ein Stückchen hatte aufheben wollen, weil sie doch abends immer was Süßes braucht.

Aber heute, denkt sie, brauche ich gar kein Stückchen, heute habe ich schon ganz viel Süßes gehabt.